上司が「鬼」とならねば組織は動かず

強い組織、強い会社を作る、指導力と統率力

染谷和巳
Kazumi Someya

プレジデント社

はじめに

事件だった。

NHKのディレクターが、私の本を、テレビの番組で紹介すると言ってきた。「宣伝になっちゃうじゃないですか、公共放送なのに」、そう尋ねると、「これは社会的事件です、事件は名前を出して報道するのが常道《じょうどう》です」という答えである。

平成十二年二月にプレジデント社から刊行された『上司が「鬼」とならねば、部下は動かず』は、ビジネス書で四十六週連続ベストテン入り（トーハン調べ）、今では四十万人近い人がこの本を読んでくれている。この種のビジネス書では、かつてなかったことであり、〝事件〟だと言うのである。私や私の会社にとっては事件であり、プレジデント社やこの本を手がけた書籍編集部の天野恵二郎担当部長にとっても、やはり一つの事件だったろう。しかし、これが〝社会的事件〟だとは、正直なところ思っていなかった。

本が出て間もなくのことである。北海道の自衛隊に勤務する二十二歳の三等陸曹から、次のような手紙をもらった。

「自衛隊の数ある教範の中にも、上司のあるべき姿がこれほど快活にわかりやすく示されているものはありませんが、私は、若いやんちゃな部下に手を焼いていますが、これからこの本を繰り返し読んで、指導書として活用していきます」

この一通の手紙だけで、もう十分だった。この人が本を買って読んでくれただけで、この本を書いた意義があった。これで「おしまい」でいいと思った。今思えばこれが事件の始まりだった。

「日経ビジネス」の書評を皮切りに、新聞や雑誌が続々と批評を載せ、特集記事が何本も作られることになった。ごくまれに皮肉や否定的見解に傾いたものもあったが、大半が肯定・推奨の論調であった。月刊誌の「新潮45」は「著名な経営評論家センセイが時流に迎《げい》合《ごう》して、口当たりのいい文言を並べた類書とは一線を画していることには、まちがいない」（平成十二年十一月号）と評してくれた。

娘に、卒業した学校の先生から送られてきた手紙。「お父さんの本、すごいことになりましたね。理事長が、いろいろな書評を私たちに見せてくれるので知りました」。こう言われて、「すごいことなのだ」という実感が少しずつ湧《わ》いてきた。こうして一年の月日がたち、「そうか、これは事件だったんだ」と気づかされたのだった。

「なに、不況だから売れたのさ。高度成長期やバブル期だったら、こんな本は相手にされないよ」と言う人がいる。私もそう思う。二十五年間、同じことを一貫して言い続けている私が、その体験から言うのだから間違いない。経営者や幹部の危機意識が、この本を手に取らせたのだ。「このままでいいのか、どうにかしなくてはいけないのではないか」という不安感が、〝鬼〟を求めさせたのだ。また、部下を思うように動かせない若手管理者が、〝鬼〟に何か問題解決のヒントがあるかもしれないと感じて買ってくれたのだ。〝事件〟といっても、単に運良く時期を得ただけである。

私はこの〝事件〟で、鬼が復権したとは思っていない。

敗戦の焼け跡に立ち、多くの人が「鬼になる」と誓った。弱音は吐くまいぞ、どんな困苦にも耐えてみせる。空腹や疲労ごときに負けはせぬ、命ある限り前へ進む……。戦争で生き残った人々は自ら先頭に立ち、休まず寝ずに働いた。歯を食いしばり、必死の形相《ぎょうそう》で、黙々と道を切り開いた。こうして鬼となった人々の腹の中から、日本の経済復興の槌音《つちおと》が鳴り響いた。

どこの会社にも鬼の社長、鬼の上司がいた。鬼は部下を厳しく育てた。部下は猛烈社員となって会社の発展に寄与した。日本は奇跡の復興を遂げ、経済大国になった。

あの時から六十年近くの歳月が流れた。初代の鬼は、役目を果たして去っていった。二代目の小鬼も現役を退きつつある。いつの間にか会社から鬼の姿が消えた。あちらこちらに散在し、まだ絶滅はしていないが、影が薄い。汚《よご》れ役を嫌《いと》わず、強く、厳しく、心の芯《しん》のあたたかい指導者がいなくなったのだ。

それに代わって〝弱い、甘い、冷たい〟指導者がふえた。一般社会にびっしりと根を張った日本独自の〝民主的意識〟が、「それでいいんだ」と後押しした。下にやさしい上司が、指導者の鑑《かがみ》になった。会社の経営者と幹部は、みな〝仏〟になった。不況の今、少し困った顔をしているが、「下にやさしく」という信念は揺らいではいない。

こうした信念は、一冊本を読んだぐらいでは変わらない。「そうかな、こんな考え方もあるのかな」と思う程度であり、「よし、鬼にならねば」とは、なかなかならない。よって、鬼の復権は、いまだ〝道遠し〟である。

そこで続編ともいうべきこの第二作を書くことになった。より多くの人々に、「上司は鬼であるべし」に頷《うなず》いてもらうために、前作の説明不足を補い、わかりやすい例をあげて理解を求めた。もちろん、「また同じことを言っている」という批判がくることは覚悟している。しかしながら、主張すべきことは何度でも繰り返し主張することによって、やがては鬼の上司の復権がなると私は信じている。

平成十三年　盛夏

染谷和巳

第一部——鬼になれる人、なれない人……9
1章——鬼の上司か、仏の上司か 10
2章——個性尊重だけでは企業は滅ぶ 19
3章——誠実さと素直さが採用の基準 27
4章——人は、自然には花開かない 35
第二部——トップの指導力……43
5章——横田社長は、なぜ会社再建を断ったのか 44
6章——トップの指導力の核心は 52
7章——社長の統率力 60
8章——上に立つ人の三つの任務 67
第三部——人材を育成する……75
9章——経営の最重要で最優先の課題は 76

10章――社員としての基本は、鋳型にはめ込んでつくる 85
11章――心と体に痛みを与えなければ、人は変わらない 93
12章――社長と社員の人間関係 100
13章――卓越企業は〝報・連・相〟を捨てる 110

第四部――後継者の選び方……117

14章――社長が温情を捨てて鬼になる時 118
15章――どうすればトップの代行者をつくれるか 127
16章――現場派社長と隠居派社長 136
17章――落第幹部のなかにいる人材を殺すな 144
18章――社長にしてはならない人 153

第五部――意思統一の原理・原則……161

19章――〝意思統一〟が組織強化の大前提 162

20章――魅力あるビジョンを掲げよ 172
21章――利益中心のものの見方、考え方 181
22章――何によって意思統一をはかるか 188
23章――社員の帰属意識を育成せよ 196
24章――なぜ、社員を平等に叱らないのか 208
25章――大企業病の予防策 216

第六部――サラリーマン意識と経営者の思想……225

26章――日本人の価値観の変化 226
27章――守銭奴の思想を排せ 234
28章――恕の精神 241

＊「鬼」の訓戒録――249

装丁・熊沢正人

「一頭のライオンに率いられた百頭の羊の群は、
一頭の羊に率いられた百頭のライオンの群に勝つ」

（マキャベリやナポレオンが
好んで口にした西欧の諺）

＊本書の登場人物や団体名は、一部仮名としました。

第一部——

鬼になれる人、なれない人

一章——鬼の上司か、仏の上司か

●なぜスポーツ界で、仏の指導者が成功するのか？

指導者は鬼であるべきか仏であるべきか、いろいろな場で論じられるようになった。私は〝鬼派〟の先兵と見なされている。〝鬼派〟と指差されることに不満があるわけではないが、〝仏派〟の言い分のなかにあまりに現実離れした空論が目立つので一言申し述べる。

会社のなかでトップに近い人ほど鬼派であり、「鬼であるべし」「指導者は鬼の部分を持たねばならない」という考え方に賛同共鳴する。この考えに不快な顔をし「納得できない」と言うのは、学生や若い社員、戦後教育の申し子とも言うべき四十代、五十代の民主的おじさんたち、それと評論家や大学の先生など知識人と呼ばれる人である。

曰《いわ》く。「人は誰でも能力と無限の可能性を持っている。それを引き出すのが上司の役目。女子マラソンの金メダリスト高橋尚子を育てた小出監督はほめて育てた。叱らなかった。

部下のいいところを認めてほめれば、部下は能力を伸ばしていい仕事をする」

「上司の言いなりになる部下は人材にならない。命令によって部下を動かすマネジメントでは企業が欲する人材は得られない。自分で考え、自分で能力を伸ばしていく自立型の人材を育てたいなら、上司は上からものを言うのではなく、部下を主役に立てて、部下に助言し、部下を援助する役割に徹すべし」

また「部下がのびのび働くことができる環境をつくれ」「部下の意見に耳を傾けよ」「部下の個性を尊重せよ」と言う。

仏派のこうした主張の論拠は、どうやらスポーツ界にある。「こうしろ」「ああしろ」と命令し、意に添わなければどなりつけるスパルタ式の指導では、優秀な選手は育たない。選手の特性を理解し、その選手に合った指導ができなければならない。欠点には目をつぶって長所を伸ばす。失敗してもそれを責めてはならない。「なぜ失敗したのか、どうすればできるか考えてみなさい」と自分で考えさせる。自分で答を出せるようアドバイスする。成功したらほめ讃《たた》え、「君ならまだ上に行ける」と励ます。このように、選手の個性と自主性を尊重した指導をすれば優秀な選手が育つ。

たしかにそのとおりだと思う。スポーツで一家を成す人は、いわばその道の天才だ。凡人が寄り集《つど》う一般の会社とはわけが違う。それに、スポーツで頂点を極める選手は十代、二十代の概して若い人たちである。また、スポーツ選手は専門家だ。球を投げる専門、打つ専門、走る専門、泳ぐ専門である。その専門能力を突出させるには、ほかの欠点など構っていられない。時間がない。その能力を最大限に伸ばす指導法が求められる。すぐキレる狂暴な性格だろうと礼儀知らずだろうと、気分よく高い意欲で練習に打ち込ませなければならない。

このような指導をすれば当然選手の自己責任の範囲が広くなる。チームプレーの場合、その時どう動くのがベストか判断できなければならないし、調子を落とした時は「どうすれば立ち直れるか」自分で考えて復調しなければならない。思考力、判断力がなければ優秀な選手になれない。そこで指導者は質問して本人に考えさせ、考える習慣、考える能力をつけさせるやり方をする。

この指導法によって、オリンピックでメダルを取る選手やプロスポーツの一流選手が数多く誕生した。ならば会社の人材育成にも、これは応用できる、と先生方は考えた。

●凡人を天才待遇で育てればダメ人間になる

「監督よりも選手のほうが上、あるいは監督と選手は協力関係」という考えを「上司より部下のほうが上、あるいは上司と部下は横並びの協力者」と変えてビジネスマンに教えているのが仏派の先生方である。どちらも同じ人間だから同じ結果が出るはずだという。

プロのスポーツ選手や天才的な芸術家、科学者の能力を伸ばす指導法と、会社に勤める社員の能力を伸ばす指導法とは違う。社員に自分がしたいことをしたいようにさせておくわけにはいかないし、自分で考えて答を持ってくるまで待ってはいられない。社員は会社の期待に応える人材になってもらわねばならない。仕事ができる人になってもらわねばならない。そのためには組織に適合し、ビジネスの基本が行える社員であることが先決。上司の言うことも客の言うことも聞かない野人では困るのだ。

もし会社に世界的な発明・発見をする天才がいるなら、その社員は出社も退社も自由、服装も自由、一切管理干渉しないでやりたいようにさせればいい。会社を一躍世界企業にするかもしれない宝物だから特別扱いしていい。

あなたの会社にこんな天才がいるか。天才は十万人に一人、百万人に一人。努力が天才を生むと言うが、凡人はいくら努力しても世界的偉業を為《な》し遂げることはできない。もっとはっきり言えば、天才は刑務所にいようと不自由な恵まれない境遇にあろうと、天才を発揮する。まわりの凡人の力に天才の力が屈することはない。鬼の上司の圧力くらいは除《の》けて自己実現を果たすのが天才である。

仏派は「人は誰も無限の可能性を持っている」から凡人（ふつうの人）を天才として扱

えと言っているのである。凡人にとっては思いも寄らない優遇である。その結果どうなるか。もちろん抜きん出たすごい仕事はしない。

「この仕事はいやだ」「この上司にはついていけない」とわがままを言う社員、仕事より私生活を大事にし、会社のまとまりから外れて孤立する自己中心の社員、「給料が安い」「土曜日も休みにしてくれ」と自己の権利ばかり主張する社員、そして会社や上司の弱点を新聞や雑誌に内部告発する社員を生み出す。あなたの会社にはいないだろうか。

もしこうした社員、あるいはこうした傾向を帯びた社員が何人も何年も勤めているとするなら、そこにきっと〝仏の上司〟がいるはずである。凡人に天才論を適用して、凡人をダメ人間にしてしまっている罪深き仏様が。

●できそうもないことを部下にさせるのが鬼

仏派は「上司は無能で部下は有能」という固定観念を持っている。若い社員は直接客と接しているので多くの情報を持っている。上司は世の中の変化に気づかず、古びた頭で部下に命令を出す。これではいけない。部下の意見をよく聞いて一緒に考えながら進まなくては、と言う。

官公庁のキャリアと現場組の関係ではあり得ることである。現場の刑事の意見を聞かずに若いキャリア課長が、独善的な命令を出すといったケースがこれにあてはまる。

しかし、多くの中小企業の社長や幹部はキャリアではない。不勉強な若い社員の意見など頼りにしてはいない。意見を聞く会議ばかりしていれば、それこそ変化のスピードについていけなくなる。一般的には上司は部下より仕事ができ、よく知っており、問題発見・問題解決の能力があって有能である。

無能な上司もなかにはいる。無能な上司は部下の意見を聞いても取捨選択《しゆしやせんたく》できないので部下の言いなりになる。部下が有能で経営者意識の持ち主ならいいが、その反対なら部門は崩壊する。会社という組織では、無能な上司は存在してはならない。会社は速《すみ》やかにその上司を排除しなければならない。これは人事の問題で、指導法の問題ではない。

会社は人材に飢えている。仕事能力や指導力の面で上司より優れている部下がいれば、たとえ若くても抜擢《ばつてき》する。したがって仏派が言う「部下が上司より有能」は例外的であり、一時的なものであっても、常態として会社にあってはいけないことである。

鬼は若い人の伸びる可能性を摘み取ってしまうからよくない——仏派の先生方は、どんな鬼を頭に描いてこう言うのだろう。

高橋尚子を育てた小出監督は叱らずにほめたから仏か。三千メートルの高地練習のメニューを示して「やるか」と監督は聞いた。高橋尚子は「やります」と答えた。体を壊してしまうかもしれない過酷な練習だ。この瞬間の小出監督は、実は鬼である。高橋はこの鬼を信頼し極限の訓練に挑戦し為《な》し遂げた。だから鬼は涙を流して「よくやった」とほめた。鬼は、できそうもないことに部下を挑戦させる。部下が逃げれば叱る。それでも逃げれば切る。部下が「かわいそう」だという仏心は持たない。部下がそれを為し遂げれば泣いて喜び、ほめる。鬼は叱るばかりでなくほめるのだ。勝つ人、強い人を育てることができるのは、仏ではなく鬼の指導者である。

●責任感が強く任務に真剣な上司は、鬼になる

自動車修理工場、カー用品店、ガソリンスタンドなどを経営する社員数五十人の社長の話……。

高校を出て自動車修理工場に就職した。体が大きく行動が遅く要領が悪かった。そのため、希望する会社に就職できず、町の小さい修理工場に入った。職長は情け容赦のない人だった。「遅い!」といっては叱り、「違う!」と言ってはどなった。客の前でも平気で「ぼけ!」と怒った。口で言うだけでなく殴りもした。職長は背が低いので飛び上がって工具で頭を叩《たた》いた。幾度もトイレでくやし涙を流した。たしかに怒られても仕方ないと思う。教えられたとおりできなかったし、不器用で仕事が遅かった。何度も同じ間違いをし

た。しかし人前で叱ることはないではないか。頭を叩くことはないではないか。「今にみておれ。俺は職長をアゴで使うようになってやる」と、泣きながら心に誓った。

五年その職長の下にいた。痩《や》せる思いの緊張の五年間だった。事実体重が十キロも減った。十年目、二十八歳の時会社を辞めて自分の店を出した。

「もう四十年以上前のことですが、あの職長が私の〝師〟だったと思います。仕事が一人前にできるようになったのは、あの人のおかげです。また精神を鍛えてくれたという点でも感謝しています。それは独立して人を使うようになってから、どんな問題が起きても挫《くじ》けない強い精神を自分が持っていることに気づいたからです。あの人がいなければ今の私はあり得ません。私も鬼と言われました。厳しい会社ということで町でも有名になりました。あれほど憎んだ職長が人生の恩人だったのです」

と社長は語った。そしてこうつけ加えた。

「上司に叱られたといって、会社を辞める人がふえていますが、そういう人は何者にもなり得ません。社会の落伍者になるだけだと私は思います」

部下はやさしい上司、ものわかりのいい上司、すなわち仏の上司を歓迎する。その期待に応えようと上司は言うべきを言わず、叱るべきを叱らない。部下を一個の人間として尊重し、その自尊心を傷つけまいと心を配る。この上司は何者か。自己の任務に真剣でない人である。部下の指導育成を放棄している人である。部下に無関心な自己中心の人、単なる怠け者である。これが仏の上司の正体だ。

こんなニセモノの仏ばかりではない。本物の仏もいるだろう。本物の仏は、仕事より会社より人の心を大事にする。慈悲の心が仏の心である。慈悲の心は尊い。しかし、会社という組織は慈悲心を柱にすれば成り立たない。慈悲の心では、会社は生き残れない。

叱る、上から一方的に命令する、強制するのが鬼で、ほめる、話し合う、横に立って援助するのが仏、そういった区分け自体がおかしい。鬼は部下に対して下手《したで》には出ないが、部下の働きを認め、当然ほめもするのである。

鬼と仏の区分は、「怖い」か「やさしい」かでも不十分。ふだん静かににこにこ笑っている上司が、ある時烈火のごとく怒るということがある。この上司は鬼である。

会社の指導者は、仏になろうと欲してはならない。この道を行けば、鬼になるべき時に鬼になれなくなる。鬼になれない人は、人も組織も動かせない。会社の指導者は、必要な時には、いつでも鬼になれなければならない。「断じて行えば、鬼神《きじん》もこれを避《さ》く」強い心の持ち主でなければならない。

2章——個性尊重だけでは企業は滅ぶ

●今後、会社の人材育成はもっと大変になる

「会社は社員の能力にのみ注目し、これを買うべし」「社員は、自分の能力を高く売るために、どんどん転職せよ」——最近よく耳にする言説だが、これほど会社組織の現実を無視した言葉はない。

私は三十年間、企業の社員教育の代行を業《ぎょう》としている。その経験を通じて会社にとって真の意味での「人材」というのは、会社の期待に応える働きをする人、与えられた役割を十分果たす人だと考えている。人材とは組織人として、ビジネスマンとして、それにふさわしい意識と行動が身についている人を言う。その必須条件は、礼儀などの社会性と理解力、思考力、表現力、行動力、精神力だ。経営評論家などがもてはやす〝自由な発想のできる個性的人材〟なるものも、会社の方針や組織の規律、上司の命令に従う忠実さが欠け

ていれば、会社に害悪しかもたらさない。

職場のルールを守らず、反社会的な言動が絶えない社員は、どれほど能力が高くて個性的でも、単なる不良社員にすぎない。

能力主義・個性尊重という口当りの良い文句に踊り、組織の秩序や規律を軽視し、社員をのびのびと自由にやらせる〝ものわかりの良い〟会社が、はたして優れた業績を収めているだろうか。

まるで逆だ。この不況下、全員が一致団結して踏ん張らなければならない時に、みんなが自分勝手でバラバラの方向を向いていては勝ち目はない。もっと条件の良い会社へ転職することを考えている社員、「部門の目標？ そんなものは関係ない。自分は給料分の仕事をするだけ」という社員、そんな社員ばかりの会社は今、瀕死の状態にある。

識者は「企業と個人の関係は、いわば統治・組織服従型から、市民にふさわしい契約型へと基本的に変化していくことになる」「個を大切にする企業こそが、流動化した個人を雇用することに成功し、また個人の能力を引き出し、企業総体としての力を発揮できるはずである」と言う。

まるで欧米流の個人主義と契約型社会を移植すれば、日本企業が簡単に立ち直るかのような主張である。そこには、欧米でこうした思想が成立した歴史的背景も、会社を通じて人間としての成長をはかる日本的経営の美点も、露《つゆ》ほども顧《かえり》みる姿勢がない。なんとも浮世離れした未来図だ。

しかも「ゆとりだ」「個性だ」「英語力だ」などと言って義務教育を大幅に簡素化し、理解力、思考力、表現力の劣る基礎的な学力すらおぼつかない若者を量産したうえで、こうした企業社会改革を推し進めるべきだという。

涙が出るではないか。国がこうした方向を打ち出す以上、会社は自己防衛のために、真の「人材」を育成する社員教育に一層力を入れるようになるだろう。

●個性ある人は優良社員にも不良社員にもなる？

以上は「個性尊重だけでは企業は滅ぶ」という題で雑誌に掲載した私の文章の一部である。賛否両論の反響があったが、ある大学院の学生はこのような反論を寄せてきた。

「最近の会社に必要なのは、会社を活性化させるための工夫やアイデアを出す人だとされる。工夫やアイデアを出すためには普段からの問題意識が必要だ。問題意識を持つ人というのは、何事においても常に深く考える人であろう。とすれば、会社のメリットとなる問題を提案するが、会社にとってうれしくない、つまり規律を乱すおそれのある問題も提起する可能性がある。

個性のある人は会社にとって良い問題も悪い問題も提起する。会社にとってみれば、問題意識を持っている人は優良社員にも不良社員にもなり得るのだ。

規律をしっかり守る、悪い言い方をすれば、イエスマンだけを集めて収益を稼ぎたいなら、経営者自らが工夫しアイデアを出して、会社に収益力をつければいい。そして二代目を育てるか、自分の代で会社を畳めばいい。

あるいは、不良社員になるか優良社員になるかは紙一重かもしれないが、問題意識を持つ人を集め、その能力を十分に発揮できるような会社にするか。結局、経営者がこのどちらかを選択するかによって、会社の将来が決まってくるのである」

この学生の頭には、個性のある人＝問題意識のある人＝工夫やアイデアを出す人＝会社が必要とする人、すなわち人材という図式がある。

もう一つ、規律をしっかり守る人＝イエスマン＝個性がない人＝工夫やアイデアを出せない人＝会社が必要としない人という図式がある。

この二つの図式から学生が言う結論は、イエスマンだけ集めて経営者自らが工夫しアイデアを出すか、問題意識を持つ人（個性のある人）を集め、工夫やアイデアを出させる会社にするか、そのどちらかを経営者が選択すべきであり、経営者は人材育成を考える前に、人材というものについての考え方を変えるべきだということである。

会社に勤めた経験のない学生の言うことだから仕方ない面もあるが、すでに会社に勤めている人のなかにも、この学生と同じ考え方をする人が少なくないと思うので、あらためて反論しておこう。

●工夫・アイデアと人材の関係

第一に、組織には目的がある。スポーツチームの目的は、言うまでもなく勝つことだ。では、会社の目的はといえば、これは存続と蓄積である。そのため利益を出し続けること。この目的を達成するために、会社はたえず工夫・改善しアイデアを出し続けなければならない。変革は会社の宿命である。したがって工夫とアイデアは会社の命綱《いのちづな》である。社員は会社の事業、組織あるいは仕事に対する工夫とアイデアの提案を求められる。工夫しない社員、アイデアのない社員は不良社員である。

第二に、命令に従う、規則を守るという基本的精神態度ができている人は、工夫やアイデアがない人か。自分の考えや意思を持たず、上の言いなりになる人をイエスマンと言う。たしかにイエスマンは問題発見・問題解決ができない。つまり問題意識がない。しかし、命令に従う人、規則を守る人がイエスマンかと言うと、断じてそうではない。組織人としての意識と行動が身についている人であり、礼儀などの社会性が身についている人である。

どこの会社でも、こうした人が問題意識を持ち問題提起をしている。

「従う」「守る」は強制によるもので「強制」は個性を潰《つぶ》すからと敵視する人がいるが、強制で潰れるような個性は何の役にも立たない。個性は従う、守るという基本の上に花開くものだ。こうした基本ができない奇人、変人、異端児を集めて、好き勝手をさせれば会社はすぐ潰れる。こうした個性的な人々が行う問題提起は、ほとんど会社に貢献しない。

第三に、工夫・アイデアは実践から生まれる。つくる、売る、運ぶ、サービスするといった仕事をしている人が、仕事を通じて仕事のなかからこれを生み出す。工夫・アイデアだけを仕事とする人などいない。学生は工夫・アイデアが、社内のさまざまな仕事から独立して存在していると思っているらしい。個性のある人に工夫・アイデアを出す〝仕事〟をさせれば、会社がよくなると思っているらしい。

工夫・アイデアは、はなやかな〝花〟の部分である。しかし、根っこがあり幹《みき》があって花が咲く。黙々と汗を流して働いている人がいて、はじめていいアイデアが出る。会社はてっぺんの花だけで成り立っているのではない。黙々と働いている人がアイデアを出すのが一番いいが、その人でなくても他の人がそれを見てアイデアを出す。そのために社員全員の理解力、思考力、表現力といった基礎的な仕事能力を伸ばす必要がある。こうした能力を伸ばし、現場で仕事をする人が工夫し、アイデアを出すようになることを会社は願っている。個性のある問題意識のある人を採用し、工夫・アイデアという仕事の一番おもしろい部分だけを担当させようと思っている会社は、どこにもない。

●会社は自分で考え意見を言う人材を求めている

第四に、問題意識は立場と役割から生ずる。個性のある人が問題意識を持っているわけではない。一般社員より管理者のほうが問題意識があり、中間管理者よりトップに近いほうが問題意識が強い。

だからお坊っちゃんでも、イエスマンでも、社長になれば一般に問題意識が強くなる。より広くより深く考えるため、下の意見を聞き、またよく学ぶ。社員の工夫改善を奨励し、会議で「君たちももっと考えろ」と管理者を叱ったりする。なかには反対意見を言ったり異論を唱えたりする社員を嫌がって、イエスマンばかりまわりに集める社長もいるが、これは、えてして老化や病気が原因であって正常ではない。

社員が自分の意見を言えないのは「上司が怖くて口がきけない」「言うと煙たがられるから」「出しゃばり・目立ちたがりと思われたくないから」などが理由と考えられるが、こうした理由は、大抵社員の言いわけであり、気楽な立場にいるので問題意識がなく、会社に提案する工夫・アイデアなど持っていないというのが実態であろう。

よってイエスマンばかり集めて社長が工夫・アイデアを出して経営するか、問題意識を持つ人を集めて工夫・アイデアを出させて経営するか、いずれかを選択すべしという主張は、〝会社と人間〟に対する無知から生まれたとしか思えない。

最後に、個性尊重を唱えるなら、会社自体の熾烈《しれつ》な生存競争から目をそらしてはならない。会社の目的に反する個性、上司の指示に従わない個性、現実の仕事の工夫改善に役立たない個性などは、会社にとって迷惑でしかない。

会社の人材たるベースを身につけた「自分で考えて仕事をする」「会社のためになるアイデアを出す」個性豊かな社員よ、出でよ。

会社は社員に能力を伸ばしてほしいと思っている。個性を発揮してほしいと思っている。〝出る杭《くい》〟があらわれるのを待っている。どこの会社も人材不足に悩んでいるから、有能な社員を欲している。〝個性尊重〟は、この事実を認めたうえで論じられなければならない。

3章――誠実さと素直さが採用の基準

●その会社にとって良い社員とは〝長く勤める〟人であった

訪問販売を主力とするある会社のトップ。

「ガッツのある営業マンが少なくなった。今はみんな月五つ前後でどんぐりの背比べ。昔（といっても五年前まで）は月二十も売るのが何人もいたが、今は一人もいない」

この会社は社歴十五年。三人で創業し、毎年倍々に伸び、現在社員百五十人。地方主要都市五カ所に営業所を構えるまでになった。

「社長、それはそういう社員を採用しているからですよ」と私は言い、次の事例を紹介した。

かつて金貸し、高利貸しといえば裏街道の職業として毛嫌いされた。現在、消費者金融や中小企業金融の大手は株を上場し、企業としての社会的地位を確立している。だがここに至るまでには、社長や社員の並々ならぬ努力があった。

中小企業金融の大手N社も、かつては町角に小さい看板を出す目立たない会社であった。

中小企業金融は、銀行が融資してくれない会社や商店を客とする。一時的な〝つなぎ〟で借りに来る人もいるが、多くは資金繰りに行き詰まり、手形を落とすことができなくなった切羽詰まった人である。こうした人たちにお金を貸す。当然、利息は高い。高い利息は危険料である。貸したお金が全額返済される確率が低いからである。

中小企業金融は、病人のふとんを引きはがすような仕事だと言われる。しかし〝お客〟に対してそんな冷酷なことはしない。サービス業であり、やはり信用が土台の商売である。「待ってくれ」と頼まれれば待つし、「もっと貸してくれ」と言われれば貸す。もちろん調査の裏づけのもとに、ではあるが……。この点、銀行の仕事と大差ない。しかし、この仕事は厳しい。

この仕事が厳しいと言われるのは、最後の場面である。

一千万円を貸した客がギブアップした。どこへ行ったかわからない。一社から一千万円借りていれば当然よそからも借りている。債権者はたくさんいる。残っているのは銀行の抵当に入っている自宅のみ。

貸したお金を回収しなければならない。その担保を占拠しなければならない。

〝占有権〟を獲得した者が勝つ。いち早く家に乗り込み、居座らねばならない。そこで一番乗りを果たしたとする。同業者が来て、「自分のところは二千万円貸しているから権利を譲るべきだ」と主張する。「そうですか」と、引き下がるわけにはいかない。担保を処分しても二千万円にしかならない。この場をどけば、自分のところには百万円も回ってこないだろう。一千万円とその利息分を回収しなければならない。

同業者は暴力団を使う。実力で排除しようとする。日本刀の切っ先を額に突きつけて「どけ」と迫る。どいたら負けだ。額から血が流れる。どかない。殺されてもこの場所を譲ることはできない。

担保の取り合いが修羅場《しゅらば》である。それぞれがハイエナやハゲタカのようにほかを蹴散《けち》らして自分の分を確保しようとする。そこに醜い闘争が起きる。きれい事ですまそうとすれば負ける。負ければ自分が飢える。ここにこの仕事の厳しさがある。

人並はずれた度胸がなければこの仕事はできない。

N社の社員教育は変わっている。社員同士にボクシングをさせる。月二回ジムを借り、十六オンスのグラブをつけ、本格的にやる。二分戦い、二分休み、また二分戦う。二ラウンドで終了だが、素人《しろうと》にはこれでもきつい。机を並べている仲間でも殴り合いとなったら遠慮はしていられない。顔をぶん殴られるとムラムラと闘争心が湧き上がり、「チクショウ」という気持で相手に殴りかかる。その形相《ぎょうそう》は必死である。

毎月ボクシングを続けると、だんだん殴られることが怖くなくなる。肝っ玉が座ってくる。暴力団に凄《すご》まれても対等に渡り合うことができる。静かに口をきくことができる。

この会社は、この荒っぽい〝社員育成法〟によって強い社員を育てた。その社員は〝占有権〟を確保した。同業者が、どんな荒っぽい手を使おうと負けなかった。回収率は上がった。それは、この会社の業績をよくした。

多くの人が入社してびっくりする。ボクシングだけでなく、毎週土曜日、朝六時半からの野球が仕事である。毎朝三十分の座禅が仕事である。週二回、駅前でビラ配りをさせられる。意気地のない人はすぐ辞める。残っているというだけで優れた社員なのである。厳しさに耐えられる力のある人なのである。

この会社にとって、良い社員とは〝長く勤める〟人である。

この会社の社員は遅刻など絶対しない。礼儀正しい。一人ひとりが競争に負けない強い精神を持っている。社内にはピンと張りつめた明るい空気が常にある。

仕事は文字どおり、戦いである。N社の社長は同業者から恐れられた。〝占有権〟でN社は負けたことがない。全戦全勝。ここからN社の独走が始まった。

N社の社長が言っている。

「根性や勇気があれば、この仕事に向いていると思うだろうが、そういう人はダメだ。矢でも鉄砲でも持ってこい式の怖いものなしは、反面、自分中心で〝自分さえよければ〟と思っている。会社や仲間を思う心が欠けている」

修羅場で度胸が座っているというだけでは、この仕事は務まらない。組織のメンバーとして信頼される人でなくてはならないし、暴力団ではないのだから、事を暴力で解決しようとする鉄砲玉などであってはならない。

N社の社員には勇気や根性は絶対必要な条件ではない。社員に必要なのは誠実さ、素直さなどの人間性である。これがあれば根性や勇気は鍛えることによって身につけられる。

N社社長は、こうした確信のもとに人を採用した。体育会系の猛者《もさ》は敢えて採用しなかった。ひ弱な体でも誠実な人間性、素直な性質の人のみを採用した。一人を採用するのに一般企業の三倍の費用をかけ、一人を育てるのに、やはり三倍の教育費をかけた。

N社がこの業界に地歩を固めるようになるまで、中小企業金融業は暴力団によく似ていた。N社の社長がそれを一般のビジネス会社に変えた。暴力団員の素質を持つ者は一切入れず、誠実で素直な人だけを一人また一人と採用し、社員に、暴力団に負けない精神力を身につけさせることによって、それまでこの業界になかった体質の会社を作り上げた。それは、裏街道の職業を陽の当たる表に出して企業としての地位を確立した〝革命〟であった。この革命が成就《じょうじゅ》するまでに丸十五年かかった。

●無垢な社員を採用することが肝心だ

私が社長にこの事例を紹介したのは、こんな厳しい仕事があることを知ってもらうためではない。無垢《むく》、無思想の社員を採用することが大事だと言いたかったのである。

N社社長は誠実と素直を採用基準にした。誠実とは言動に嘘偽りがなく、心がまっすぐなこと、素直とは人の言うことをそのまま受け入れ、癖や偏《かたよ》りがないことである。つまり無垢、無思想ということである。

妙なイデオロギーにかぶれてない人はどのようにでも教育できる。暴力団に脅されてもひるまない根性の持ち主に鍛えることもできる。人材に育てることができるかどうかは、どんな社員を採用するかでほとんど決まってしまう。多少能力があっても偏った思想などを持つ人は、どう教育しても人材にはならないのである。

販売会社の社長はハッと気づいたようだった。昔は人が来なかった。きついセールスだし規模も小さかった。新聞に募集広告を何回出しても来ない。たまに来るのはふつうの会社では使ってくれそうもないはみ出し者ばかりだった。

仕方なく、その〝不良品〟を使った。採用して、それこそ力ずくで叩き直した。元野球部で甲子園に行ったこともある社長が、大声でどなりつけ、きつい枠《わく》に締めつけて使った。はみ出し者には、色のついた人や癖のある人が多かった。そうした人は短期間で会社を去った。残った人は癖のない人、誠実さと素直さのある人だった。そのなかから月二十を売るトップセールスが出た。このクラスが五人いた時期もある。

会社にゆとりができ、しだいに人集めの苦労から解放された。現在は毎年リクルートに一千万円出して募集している。当然、以前と違う質の人が来る。学校もちゃんと出ているふつうの人である。誠実そうに見える、素直そうに見える、おとなしい、白紙の新人である。鍛えれば良き人材になりそうだ。が、しかし、三年たっても伸びない。今は社長が直接教育していないが、社員教育は十分にしている。何がいけないのか……。

この新人は、誠実でも素直でもないのではないか。誠実そうに見えるのは単に無気力なだけ、素直そうに見えるのは、依頼心が強い甘えん坊なだけではないか。

誠実、素直は、受身の消極的資質ではない。自立心のある強い人の積極的行動に見られる資質である。女々しい資質ではなく、雄々しい資質なのだ。この資質は、温室のような恵まれた環境では育たない。

さらに言えば、おとなしい新人は決して無思想ではない。個人主義思想の信奉者である。会社に拘束されるのはゴメン、上司の言いなりにはならないぞと思いながら、身を硬くして身構えている。仕事はそこそこ、後は自分の生活を大事にするという卑小な〝思想〟で自己防備している人々である。このような人は、たとえ鬼の社長、鬼の上司であろうと人材に育てるのは難しい。

現在、教育や情報の力で無垢のまま育つ人はいない。また親も学校も誠実さや素直さを重視して育てていない。したがって、会社に入ってくる人に誠実さと素直さを求めるのは無理な相談といえる。それでもなおN社は、現在もその中で少しでもこの美質を持つ人を採用している。

この販売会社も採用の基準を変えて、①ハキハキロもきけないおとなしい男性などやめて女性を採用する、②学卒枠を取っ払い「学・年・経」不問で採用する、③優等、優美にこだわらず、劣等生、はみ出し者、醜男《ぶおとこ》を採用する、などを行ってみてはどうだろうか。

こうした人を〝鬼〟が鍛えれば、もちろん逃げる人もいるが、予期しなかった人材が生まれるに違いない。

4章――人は、自然には花開かない

●仕事は自分で覚えるもの⁉

会社の経営者のなかには、「仕事は自分で覚えるものだ。人から教えてもらうものではない」という昔気質《むかしかたぎ》の人がまだ少し残っている。このやり方で十年前に一部上場を果たした会社がある。昔（五十年前）は、このやり方が主流であり、どの会社もこのやり方で大きくなったが、現在はこのやり方で一部上場まで行くのはめずらしいことである。ところがこの会社、三年連続赤字でこれからもよくなる見込みが立たず、縮小に縮小を重ね、現在は上場廃止に追い込まれている。

この会社の店長クラスは、社長を見習って自己流で仕事を覚えてきた。販売で苦労してきた人たちで、今も自分で何でもやってしまう。部下を教えて育てる気はない。部下は丁稚《でっち》のようなものだから、自分ができない仕事や雑用をさせておけばいい。夜、一緒に居酒屋で飲んでさわいで、仲良くしておけば問題ない。

店長はみな豪傑で、商売が順調の時は頼もしく見えた。景気が悪い現在も、店長は変わりなく大ざっぱで、店の売上げが三割ダウンしても動じない。工夫改善しない。営業マンの教育をしたり、見込みのない人は切り捨てるべきなのに、何の手も打たない。自分一人朝から晩まですっ飛んで歩いている。管理者の任務やリーダーシップのあり方など、一度も教わったことがないから無理もない。

社員がなかなか一人前に育たない。それは以前から変わりないことである。

「今にわかる」「客が教えてくれる」「現場が教室だ」といって放っておいた。事実年月を経て経験によって成長する社員もいた。しかし、今は長く待っていられない。儲かっていた時は社員が育つのを待っていることができた。景気が悪くて赤字になった今、赤字の原因は人件費にあることははっきりしている。利益に貢献しない社員にも、高い給料を払っている。経験主義を信奉する社長も、さすがに苦い顔で考え込んでいる。

「昔気質」といえば、頑固な職人を思い出す。寡黙《かもく》である。黙々と物をつくる。自分の腕に誇りを持っている。徒弟《とてい》に技《わざ》は教えない。

昔気質の考え方はこうである。人は経験によって育つ。理屈などいくら言ってもむだである。丁稚奉公が人を育てる一番よい方法である。何もわからない小僧でも現場でもまれていれば必ず一人前になる。早い（五年）遅い（十五年）の差はあるが、放っておいても一人前になる。

雑用、下働きをしながら、親方、先輩の仕事を見ながら真似て、盗んで、技を身につけていく。自分で努力して覚えたものは自分の一生の財産になる。仕事は現場で体験して覚えるのが一番。自分で失敗したり、気づいたり、人のやり方を見習ったりして体で覚えるのが本物である。人から教えられて頭でわかったつもりでも、いざ実際やってみたらできない――これでは偽物《にせもの》である。教育なんかしないで、若いうちから現場に放り出せ。そのほうが人は育つ。昔は職人も商人も「学問などするとろくなもんにならん」と公言していた。

商人も職人も、子供がよほどの秀才でなければ上の学校へ行かせなかった。実際に大学を出て理屈だけ一人前だが仕事には身を入れないという人が数多くいた。だから「学問などど飯のたしにならん」は、経験から出てきた事実であった。当時は、たしかに若いうち（子供のうち）から仕事（実務）についた人のほうが腕のいい職人、商人になった。

しかし、やはり昔気質は時代遅れである。なぜこの考え方が時代遅れなのか。

当時、大半の仕事は「技《わざ》」であった。今も仕事の技術は欠かせないが、当時は仕事とは技術そのものであった。技とは本来は、手を使って物をつくるという意味である。技を腕前という。いい腕の人は細かく複雑な技を正確に行うことができる。技のない人を見習いといい、腕のいい人を熟練工という。

会社でも当時は手に道具（工具）を持って物をつくった。腕のいい人はいい物をつくった。不良品は出さなかった。それに対し、会社は高給を払っても惜しくなかった。販売（営業）でも同じことがいえた。経験を積んだ熟練者がいい仕事をした。経験不足の人は客の信用を得られず、大きい商談をまとめることができなかった。手に道具こそ持たないが、販売にも技があり、腕がいい人とよくない人がいた。

現在は手に道具を持ってする仕事は極めて少なくなった。機械化、マニュアル化、プレハブ化、ロボット化、コンピュータ化が進み、個人の技の出番がなくなった。畳屋も豆腐屋も機械であり、大工は鉋《かんな》をかけず、鋸《のこ》を引かなくなった。今も技一本でやっているのは、料理人の一部と伝統的な職人芸の世界くらいであろう。どんな仕事も、人が手ですることより頭でする部分が多くなったのである。この時代に、手の技を身につけるのに適する経験主義は不要なだけでなく有害である。

●スタートは、やはり「学び」「習う」

経験主義者は、よく「習うより慣れろ」という諺《ことわざ》を使う。

ゴルフがうまくなりたかったら、クラブを振って球を打つことである。ゴルフ場へ出かけてゴルフを行うことである。本や雑誌を読んでもプロのビデオを見ても、ゴルフの腕前は上がらない。スポーツのみならず、茶道、華道などの芸事や囲碁、将棋などの趣味にいたるまで、すべて練習、稽古を第一としている。同じことを繰り返し行うことによって技を覚える。体に覚えさせる。

手、足、体が技を自然に出せるようになるまで、何千回でも練習する。「こうすればこうなる」という知識を頭のなかにいくら詰めこんでも技は上達しない。仕事も同じである。〝知っている〟と〝できる〟とは違う。できるようになるには繰り返し実行し、失敗し、反省し、挑戦し、ようやく〝できる〟合格ラインに達する。

この話は、よくよく考えると矛盾が見えてくる。「習うより慣れよ」は、繰り返しの練習が技を伸ばすことを言っている。練習には失敗もある。やはり失敗から学んで、つぎは同じ失敗をしない努力をする。この点はたしかに経験主義と似ている。しかし、練習は模範があり型があり目標があり、指導者がいる。基本は習う、だ。習う（人から教わる）ばかりでは上達しないが、はじめに習わなければ繰り返しの練習のしようがない。つまり、知識と基本技術の習得がこの諺の成立条件である。

これに対して経験主義は「そんなこと、自分で覚えよ」と言って知識と基本技術を身につけさせないままに下働きから現場に出す。ここが違う。よって経験主義者が、「習うより慣れよ」を自説の武器に使うのは誤りである。

●教育なき精神主義は亡ぶ

例の上場企業は、経験主義だから社員教育に力を入れなかったかというとそうではない。社員を精神強化の訓練や研修にたえず出していた。それは現場に放り出した社員が、くじける、恐れる、あがる、固くなる、諦《あきら》める、逃げる、怠惰にながれる、などの心の面で負けないようにするためだった。

私たち日本人は、もともと精神力重視の傾向がある。「武士は食わねど高楊枝《たかようじ》」という諺《ことわざ》に代表されるガマンの精神、竹槍突撃にみられる玉砕《ぎょくさい》精神などは極めて日本的なもので、現在も生きている。冷たい滝に打たれたり、座禅を組んだり、自衛隊の訓練に参加したりすることを〝社員教育〟に入れたりするのが、そのあらわれである。

この会社も社員を大声での絶叫、不眠、肉体の酷使、土壇場に追い込む体験、極限の緊張体験などの訓練に出して精神を鍛えた。挑戦意欲を喚起《かんき》し、闘志と勇気を培《つちか》った。このように教育したにもかかわらず、社員は不景気をはね返す力がなかった。それは精神強化を軸とする社員教育が、必要十分な教育でなかったからである。

あるスポーツ評論家がこう言っている。

「科学的トレーニングで選手の力が一定水準に達すると、その先は肉体が二〇%、精神が八〇%のウェイトを占める。したがって技術をマスターした後は、度胸をつけるなど実力以上の力を発揮する精神トレーニングに重点を移すのが一般的である。ただし、これはあくまで一定の水準に達した後の話であり、体力、技術が水準以下の人にいくら精神力のトレーニングをしても効果は上がらない」

同じ飛行機なら日本はアメリカに負けないが、ジェット機とプロペラ機では、日本の海軍がどんなに精神力が強くても撃墜される。精神力とは、高度の技術を身につけた後の段階でその威力が話題となるべきもので、技術力の不足を補うクスリではない。劣る技術をカバーしきれる精神力など存在しないのであり、技術が身についていない人が〝俺はできる〟といくら自分に暗示をかけて励ましてもできることはないのである。

〝逆境に耐える〟というのは精神力である。しかし、体力や専門技術がなければ、耐えて耐えて耐え続けるだけだ。逆転の勝利はない。

ある人は、一生懸命やれば何事もできないことはないという。この一生懸命とは一つのことに集中する集中力や意欲がつくる精神の状態である。集中力があってやる気があれば、不可能が可能になるというのだが（やはり精神先行主義である）この伝でいけば勉強できない人はいなくなり、スポーツで負ける人はいなくなる。

一生懸命でないからだめなんだ。これは正しいが、一生懸命になれば必ずできる、は間違いである。いい教材、いい先生がいて、知識を上手に頭の中に入れてくれるという技術面が先行しなければ、いくら一生懸命になっても能力は伸びない。

私たちは製造技術、販売技術、事務処理技術、リーダーシップなどを科学し（科学とは調査、分析、実験によって推論を実証する学問）、科学的に技術を身につけていかなくてはならない。

また、第一に組織人としての物の見方考え方と行動の仕方。社員としての礼儀とマナー、行動の基本。第二に作ったり売ったりの仕事の手順と技術。第三に統率、育成、管理といった指導の技術。

この三点を身につける。これは、あらゆる仕事に共通する基本技術である。手先を使う技ではない、頭を使う技である。この技を身につけずして、「やればできる」の精神だけでは勝負に負ける。

第二部——トップの指導力

5章——横田社長は、なぜ会社再建を断ったのか

●手遅れの病人はどんな名医も救えない

地方には〝○○一族〟と呼ばれる名家がある。昔の地主や庄屋が事業を興《おこ》して成功し、現在は枝分かれして十社、二十社の企業グループになっている。それぞれが独立していて社長も個別に置かれている。グループの結束はだんだん弱くなっているが、互助精神はグループ内ではまだ生きている。

そんなグループの一つである。年月を経ているので、グループのなかでも会社の優劣は歴然としている。ある会社が行き詰まった。その会社の社長がグループの優良企業の横田社長に救援を仰いだ。

横田社長はまだ五十歳だが、車の販売会社をゼロから興して十五年で全国でもトップクラスの好業績の会社に育て上げた人物だ。グループ内でも、その経営手腕は一目《いちもく》置かれて

いる。また横田社長は、グループの会合で歯に衣《きぬ》を着せずズバズバ物を言うので煙たがられている存在でもある。

その横田社長が「NO」と断った。行き詰まり社長は「あなたが社長になってやりたいようにやっていいから会社を救ってくれ」と懇願《こんがん》した。

横田社長は「手遅れです。死相が出ている病人はどんな名医でも救えない。私にはできません」と冷たく言い放った。

けっきょく問題の会社は、グループ各社で社員を引き取ることで解散消滅した。横田社長は「あの会社は五年前から危なかった。私はそれを何度も言った。ところが社長は笑って聞かなかった。社長には自分の会社がどういう状況にあるのかまったく見えていなかった。現実を見ようとしなかった」と、私に語ったものだった。

●問題発見・問題解決しない会社は潰れる

「なぜあの会社が手遅れだと断言できたのか」を聞いた。横田社長は次の三つの理由をあげた。

①舟に水が入っている。それに気づけば船頭《せんどう》はあわてる。水を掻《か》き出す。浸水箇所を見つけて処置する。のんきにまわりの景色を眺めて足元の水に気づかない船頭がいるかもし

れない。その船頭に「水が入ってるぞ」と教えれば、やはり危険回避の行動を起こす。あの会社の社長に、私（横田）は「危ないよ」と言った。社長は「大丈夫、舟は前に進んでいるんだから」と笑った。「若造が何を言う、うるさい」とその顔は言っていた。

人の意見を聞かない上司は多い。社員が何を言おうと受け入れない。それは上司が固い信念に基づいて行動しているからである。状況を把握し細部に渡って検討したうえで我が道を進む。これは指導者の一つの立派なスタイルである。しかしあの社長は、会社の現実を見ていない。経営という仕事に身を入れていない。遊ぶほうに熱心で社業を疎《おろそ》かにしている。それでいて人の意見を聞かないのだから、最悪である。「だいじょぶだあ」のバカ殿様である。

会社はたえず問題が発生する。しっかり見ないと見えない問題もある。だから問題発見能力（判断力）が必要であり、問題解決能力（実務型思考力）が必要である。平社員にもこの能力が求められるが、この能力に優れている社員は少ない。組織の長、あるいは経営責任者がこれをするしかない。上司の仕事は問題発見、問題解決の連続である。もしこれをしなければ、水が溜まっていく。舟の速度は鈍る。

舟がぶくぶく沈み始めた時「助けてくれ！」と叫んでも、もう遅い。水（問題）が舟（組織、会社）を征服してしまったのだから……。

●人の採用を軽視する会社、教育に無関心な会社

②問題社長の会社は、若い力のある社員を採用していない。私（横田）の会社は自分が直接面接して、いい人がいなければ無理に採《と》らない方針でやってきた。あの会社はウチでは採らない低レベルの人ばかり採っている。この十年見てきているが、ずっと同じだ。

二十代、三十代のいい社員が揃《そろ》っている会社は、将来性がある。今よくなくても、将来必ずよくなる。逆にこの層が弱いと、今よくても五年後、十年後には必ず悪くなる。だから若い社員の採用には心血を注がなくてはならない。あの会社では社長は、採用にほとんどノータッチ。部長が計画も採用基準もなく行き当たりばったりにやっている。

十年間いい人が一人も入っていない。どうしようもない社員ばかり揃っている。社員を入れ替えるしかない。人を入れて一から育てるには時間がかかる。だから手遅れである。

③あの会社の部長に忠告したことがある。若い社員の態度がよくない。だらだら仕事をしている。客に挨拶もしない。ミスが多い。報告をしない。こうした基本的なことはうるさく言って直さないと直らないものだ。上司が厳しくならなければ、悪くなるばかりだ、と。部長は「そうですね」と答えた。

しかしいつ行っても何も変わっていない。部長は何もしていない。部下の指導ができな

いようだ。部長は私（横田）にまた何か言われるのがいやらしく、私の姿を見ると逃げるように隠れてしまう。

私は幹部の教育に力を入れてきた。会社の幹部としての物の考え方を教えた。上司、それも責任ある幹部といっても、いまだにサラリーマン意識が根強く残っている。その意味では、部下とほとんど変わりない。だから部下と気が合う。私の言うことは理解しないが、部下の言うことはよくわかるようだ。部下の味方になる。部下をかばう。部下の仕事を代わってやっている。部下に対する評価は総じて甘い。

こうした上司の意識を変えるのは、一朝一夕《いっちょういっせき》にはできない。幹部会議でたえず話した。現場での上司の言動を見て注意した。外部の力を借り、研修などにも参加させた。創立してから十五年間、社長の私が一番時間と労力を使ったのは幹部教育であった。そのかいあって今は、社長が一ヵ月いなくても会社は順調に動くようになった。社長がいちいち言わなくても幹部が部下を指導するようになった。課長が、規則を守らない部下を大声で叱っているのを見て、私は「やっと課長らしくなった」と安堵《あんど》したものだった。

部長、課長といった幹部が、指導、育成、統率、管理の任務を果たせば、若い社員が伸びるし組織が強くなる。幹部が弱ければ素質のある社員までだめにしてしまう。

問題の会社では教育らしい教育をしていない。トップにいる社長は、教育は苦手なようで幹部会議ではほとんどしゃべらない。ある時、効果のあった研修を「いい研修だから部長を出してみたらどうか」と勧めた。社長は「そんな厳しい研修、うちの部長にはむりだよ」と言う。「部長を鍛えないと、これから困りますよ」と言うと、「そのうち考える」と答えた。以来数年経つが、研修参加はむろん社内での教育も一切行われていない。部長は相変わらず頼りない。

これから私（横田）があの会社に乗り込んで幹部を教育して、成果が出てくるまでに三年から五年はかかる。よって手遅れである。

●植民地企業になりたくなければ

横田社長は「自分が置かれている状況をよく見よ」と説きながら、結論としてこういう話をしてくれた。

自分が置かれている状況をよく見よ。大変な時だというのがわかるはずである。現在の不景気はバブルの後遺症ではない。そのつぎの急な下り坂に入っている。勤勉と誠実さで日本は経済大国になった。韓国、中国、東南アジアが日本に学べ、日本を真似よ、日本に追いつけと猛追してきている。日本は一億三千万人、その周囲に勤勉誠実な人が十億人、二十億人発生した。

日本は技術の優越を誇っているが、真似できない技術などない。すべての面で追い付かれ追い抜かれる。日本の負けは目に見えている。

マツダや日産自動車をはじめ、すでに十社以上の大企業が外国人社長になっている。もはやこれらは純粋な日本企業ではない。外国の植民地企業である。昔、アジア諸国は植民地だった。列強諸国が総督を送って支配した。住民は労働者として搾取《さくしゅ》され、生じた富は列強の本国へ運び出された。

外国人社長は、どんな手を使っても利益を叩き出す。工場閉鎖、千人単位の人員整理、なんでもする。日本人社長は、なぜこれができないのか。この大リストラをやっていれば、会社は立ち直るのに……。日本人社長は、それがわかっているができないのである。何の罪もない社員やその家族を路頭に迷わせることは、つらくてできない。想像しただけで、胸がはりさけそうだ。そんなことをするくらいなら自分が死んだほうがましだ。こう考えて、会社ごと売り渡す。よく言えば日本人社長は人間尊重のやさしい心を持っている。冷たく言えば、血刀をふりまわす汚れ役から逃げる卑怯《ひきょう》者である。経営者になりきることができない弱い人である。

外国人社長は血も涙もない。工場の町をゴーストタウンとし、過酷な条件を社員に飲ませる。そして、会社の再建がなり利益が出れば、それを外国の本社と株主に手渡す。戦争に負けると国は独立を失う。経済戦争に負けると会社は植民地企業になる。日本を空から見てみるとよい。あっちにもこっちにもアメリカの植民地企業、フランスの植民地企業が俯瞰《ふかん》できる。惨《みじ》めではないか。

負けてはならない。勝ち残らなければならない。そのため、問題発見の目と問題解決の思考力、行動力を磨き、素質のある良い社員の採用、幹部や社員の教育という点に、特に力を入れなければならない。

グループは、現在十五社ある。しかし、そのうち十社以上が〝大変さ〟を感じていない。各社の社長たちが旧態依然で、浸水している舟を平然と走らせている。仲間のよしみで私(横田)は事実を述べ、「早く手を打て」と言う。うるさがられる。よそで「あいつは変わり者」と言われる。最近ようやく私の言に耳を傾ける社長が一人、二人とふえてきてはいるが、〝手遅れ〟にならないうちに行動を起こしてほしいものである。

6章——トップの指導力の核心は

●組織能力が欠けている会社は発展しない

つくったり売ったり仕入れたりが好きで、これを主たる仕事としている社長がいる。「好きでしているわけではない。私よりできる人がいないからだ」と言うかもしれないが、社長は〝好きのみ〟でその仕事をしている。社長からこうした仕事を取り上げたら、たちまち生ける屍《しかばね》になってしまうだろう。

小企業、零細企業、個人商店の社長の大半が、このタイプである。社長とは名ばかりで経営者ではない。会社も株式会社、有限会社になっているがこれも名ばかりで、十年たっても二十年たっても相変わらず自分と奥さんとパート社員一、二名の規模でまったく成長しない。

こうした会社は、社長が年をとるに従って衰えていく。運よく後継者がいればいいが、いなければ社長の寿命が尽き、会社の寿命も尽きる。この社長をばかにしているのではない。これはこれで立派な生き方である。家族の生活を守ったし子供を育てた。いくばくかの財産も残した。町内会の役員をして日曜日には廃品回収に飛び回ったし、老いてからは老人会の世話役も務めた。葬儀で息子が、「父は丈夫な体しか取り柄《え》がない善良な小市民でした」と挨拶した……。こうした善良な小市民こそが、社会を支えているのである。私はその生き方に敬意を表する。

こうした社長の苦手は、人を動かすこと、育てること、任せること、すなわち組織人としての行動である。もっと儲《もう》けたいという欲望も、会社を大きくしたい気持もあった。この仕事で世の中に貢献したいという志《こころざし》もあったろう。しかし、実らなかった。それは〝組織能力〟が欠けていたからである。

組織能力とは聞き慣れない言葉だろうが、組織をつくり、組織の力で大きい仕事を為《な》し遂げる能力のことで、別段目新しいものではない。統率力、指導力、管理能力、育成力を一言で言ったまでのこと。

統率力とは、自分の意思どおりに人を動かして目的を達成する能力。指導力とは、下の人に自分の考え方、やり方を理解させ、十分能力が発揮できるように導いていく能力。管理能力とは、部下に組織の規律を守らせ、部下の仕事能力と成果を公正に評価する能力。

育成力とは、未熟な人の欠点を矯正《きょうせい》し長所を伸ばし、組織の人材に仕立て上げる能力である。

組織能力の有無が、良い上司、悪い上司の分水嶺《ぶんすいれい》となる。この能力の有無が、規模の小さな会社では、名ばかりの社長で終わるか、会社を発展させる社長になれるかの分岐点である。零細小規模から出発した会社で、世に認められるまでに成長させることができるのは優れた組織能力を持つ社長だけである。

●人が育たない会社に共通する欠点

「だからあの会社は人が育たないんだ」、そう言って次の話をしてくれた経営者がいる。

取引先が倒産して不渡りを食らった。金額は百万円。課長の客だった。小さい額ではないが青くなるほどではない。だが、社長は営業部長を呼んで「研修を中止しなさい」と命じた。

営業部は課長、係長、主任を社外研修に参加させていた。半分が終わり、残り十人がこれから順次参加する予定になっていた。それを取りやめよと社長は言う。この研修は営業部長が受けて大変よかったので、「みんな受けたほうがいい」と進言したものだった。社長は賛成しなかった。「では営業部だけでもやらせてください。売上げアップに直接結びつく研修です。必ず結果を出します」と部長は頼んだ。社長は不承不承許した。一年前のことである。

百万円の不渡りと研修は関係ない……。しかし、部長はあえて反論せず「わかりました」と答えた。社長が研修をおもしろくないと思っていることは感じていた。研修受講者が報告しても、社長はいつも気のない顔で聞いていた。激励の言葉はおざなりだった。"不祥事"は研修をやめさせるための口実にすぎない。それがわかるので反論してもむだだと思った。

部下に社長の指示で研修が中止になったことを伝えた。営業部の士気が下がった。営業部長の社長に対する不信感が増大した……。

この話をしてくれた社長は、「何でも自分がしないと気がすまない社長でね。研修は営業部長が中心だったから不愉快だったんだろう。権限委譲ができないんだ。下に任せられないトップの会社は、人が育たない」と締めくくった。

ホテルのロビーでのことである。社長は「ちょっと失礼」と言って席を立ち携帯電話をかけた。「……を忘れていないか、そうだろう。人数分用意しておかないと」という声が聞こえてきた。社員が仕事に必要な書類か何かを準備し忘れているのではないかと心配で電話したら、案の定忘れていた、確認してよかったというところだろう。

私はこの社長も「人を育てられない」のではないかと思った。よく気がつき、よく気が回る社長、末端の社員にまでうるさく言う部長、自分の考えとやり方に固執して他を許容できない上司、こんな上司の一人だろうと思った。

●職人気質の社長は指導力がない

組織図を書くことができる規模の会社になると、社長に求められる組織能力は統率力、育成力、管理能力よりも指導力一本に絞られてくる。

職人は指導力には価値をおかない。腕と技術がすべてである。大工の弟子は二十年務めないと一人前になれない。そして自分が棟梁《とうりょう》になっても、自分の弟子を五年で一人前にしようとは思わない。大事な仕事は弟子に触れさせることさえしない。だから、職人の世界は組織が育たない。

こうした職人気質《かたぎ》の人がトップに座る会社は、社員が何十人いようと社長一人の個人商店である。部長課長という役職があってもその人は雑用係であり、社長の小間使いである。この社長が信頼するのは、自分の〝腕〟であり〝頭〟であって、社員ではない。社員に仕事能力を求めず、気働きや要領のよさを求める。

「うちの幹部は無能だ」と人に言うが、まとまった仕事を責任を持たせてやらせたことがないのだから幹部が育つわけがない。

職人気質の社長は指導力がない。潜在的にはあるのかもしれないが、幹部を指導する気持がほとんどない。頭も体もすべて自分の仕事に投入し、集中する。その間、社員は邪魔にならないよう静かにしているだけ。ふと我に返って見渡すと、社員がぼんやりしているので腹を立ててどなり散らす。社員は社長のストレス発散のために存在しているようなもので、したたかな幹部は「これも給料のうち」と割り切って首をすくめている。職人気質の社長の会社は、よく人が辞《や》める。滓《かす》が残る。決していい会社になることはない。

研修中止を命じた社長も、以前は職人気質の人だった。友人から「もっと社員に任せて君は奥へ引っ込まなければ」と言われて反省し、現場仕事をやめた。これで社員の定着がよくなり業績が伸び、会社の規模も大きくなった。職人から脱皮したのだから、この社長はなかなかの人物である。

しかし、本物の指導力に欠けていた。部長がめざましい成果をあげると嫉妬《しっと》心が湧《わ》いて、素直にほめることができなかった。報告が少ないと猜疑《さいぎ》心が湧き、幹部を陰湿に問い詰めた。部下の信頼が厚い有能な幹部には、特に心を許せなかった。そうした幹部は警戒して非重要部門へ配置転換した。そのため、上級幹部のなかには嫌気《いやけ》がさして辞める人が多かった。営業部長に対する研修中止命令も、社長のこうした心理からきたものであろう。社長はもう一段上の指導力を身につけなくてはならない。

●「任せる」が社長の指導力の核心

部長は実務の責任者である。部門を統率し、部下を指導・育成・管理して目標を達成する任務を負う人である。部長にした以上は任務を果たしてもらう。そのため部門のことは一切任せる。これが経営トップの指導力というものである。

日露戦争を勝利に導いた立て役者の一人に陸軍総参謀長・児玉源太郎がいる。山県有朋《やまがたありとも》が「俺が最高司令官をやろう」と言ったとき、児玉は断った。最高司令官には大山巌《いわお》が座《すわ》った。大山は一切下に任せて何も言わない大将だった。山県は自分の考えを押しつけ、たえず口出しする。独特の美意識を持ち、それを黙っていられないタイプだった。児玉はこんな上司では仕事（戦争）はできないと断ったのだった。戦争は大山、児玉のラインで勝つことができた（司馬遼太郎『坂の上の雲』参照）。

有能な実務家を活かす、そのために任せる。「そんなことか、私は任せている」と言う人がいるだろう。しかし、大山巌のように任せているか。中途半端ではないか。任せたと言いながら任せていないことはないか。任せるとは、実はつぎのようなことである。

①任せるとは〝失敗〟まで任せること

会社のことが心配で電話を入れる。やはり忘れていた。私が言わなければ部下は失敗するところだった。この上司は任せていない。気づいても黙っている。何から何まで自分でやろうとすると、体がいくつあっても足りない。部下が失敗したら責任を問う。これが任せたということである。

②任せるとは忍耐すること

もっといい方法があるのに。何をやっているんだ、あの部長は！　そりゃ、社長がやればうまくいく。だが、それでは組織も人も育たない。いつまでたっても任せられる有能な人材は誕生しない。拙劣《せつれつ》さに目をつぶる。口出ししたい気持を抑える。総《そう》じて、権限委譲はすさまじい忍耐力を伴う。

③任せるとは信じること

任せられた人は、任せた上司の代行、上司の分身である。その人を疑ったり嫉妬《しっと》したりするのは、上に立つ人が自分を否定することだ。自分の考え方、やり方に賛同し、自分が示す方向に行く人だから任せたのである。暴走でもしない限り、部下のすることを支持し、応援すべし。

組織を強くし、会社を成長させることができる指導者は、堅忍《けんにん》不抜《ふばつ》の精神と肯定的性善説に基づいて部下を信頼する心を持つ人である。

7章——社長の統率力

●組織が機能しない会社に見られる現象

あなたの会社は組織が機能しているだろうか。社内につぎのような現象は見られないだろうか。

①朝礼がだらけている。他の用事をしていて朝礼に出ない人がいる。
②電話の掛け方、受け方が人によってばらばらで統一されていない。
③会議の始まりと終わりにけじめがない。
④女性社員が「はあい」などと、甘ったるい返事をしている。上司に対する部下の言葉遣いがなれなれしく、くだけ過ぎている。
⑤制服、制帽があるのに、それを身につけない人がいる。ボタンをかけない、ジッパーを上げないなど乱れた服装の人がいる。

⑥社員が社内や構内を歩く速度が遅い。公園を散歩するようにのんびりゆっくり歩いている。
⑦挨拶《あいさつ》がおざなり。出社時の朝でも挨拶の元気な声が飛び交わない。
⑧社内が何となく乱雑で汚い。整理整頓と清掃が行き届いていない。
⑨貼り紙が多い。社内の壁という壁に教訓や名言などが、べたべたと貼られている。
⑩公私のけじめがない。私語、私用電話が多い。私物を買って会社の経費で落とす人がいる。

こうした現象が見られる会社は、組織らしい形があっても体質が弱い。ひと波来れば倒れる脆《もろ》さを孕《はら》んでいる。

組織が機能しないというのは、①トップの意思が末端まで行き渡らないことであり、②上司の指示命令が通らない（部下が命令を拒否することが多く、そのため上司が出すべき命令を出さなくなる）ことであり、したがって、③会社が危機に陥っても全員の力を結集して乗り切ることができないことである。

この原因は、組織の長の組織能力の不足、そのうちでもとりわけ統率力の欠如にある。

●組織崩壊を自ら促進する会社があらわれた

前著『上司が「鬼」とならねば、部下は動かず』（プレジデント社）でも触れたが、ある大手メーカーが朝のラジオ体操をやめ、朝礼をやめ、上司も部下もみな「さん」付けで呼ぶことにした。

ラジオ体操は全員が集まらない。「仕事優先」と言って参加しない人もいる。体操している人もだらだら体を動かしているだけ。朝礼も同様だ。出ない人が多く、出ている人もつまらなそうな顔で下を向いている。意思統一、号令と規律を、今の社員は誰も望んでいない。背広とユニフォームの服装もしかり。画一化は個性の発揮を阻《はば》む。それならやめたほうがいい。そうすれば、みんな気持よく仕事に取り組んでくれるだろう。

「さん」付けも同じ理由による。部長、課長といっても昔のように権威がない。若い部下より仕事ができないため卑屈になっている人がいるし、部下と一緒に会社の悪口を言う人もいる。部下も対等意識が強く、上司になれなれしい。形骸化《けいがいか》した上下関係は組織を硬直化させる。若い社員の活力を引き出すために、上下関係を意識させる仕組みは取っ払い、全員「さん」付けで呼び合おう。

社員が自由にのびのびとやりたいようにできる環境を作ってやれば、もっと仕事の成果は上がる。そのため社員を束縛したり、社員に強制したりする旧来のものは廃止したほうがいい。今の業績不振を挽回するにはこれしかない。

会社はこう考えて改革を行った。実に進歩的な改革である。

あなたはこの進歩的改革に見覚えはないか。ここ数十年間、家庭と学校が子供に対して行ってきたことと同じではないか。親は子供の個性を尊重して、何でも自由にさせ、叱《しか》ったり殴ったり強制したりしない。子供はのびのび育った。

こうして何割かの子供は公徳心なく、人との協調性なく、ただただ自分のわがまま勝手を押し通そうとする未熟な人間、いや奇怪な動物になり、そのまま社会に出た。この動物は社員として不適格なので、会社は教育し直さなければならない。朝食をきちんと取れ、夜は早く寝ろ、挨拶をしろ、返事をしろ、背筋を伸ばせ、はっきり話せと、まるで幼稚園児にするような教育から……。

家庭と学校での自由平等の行き過ぎがこんな人をつくってきた。そしてついに人間教育の最後の砦《とりで》の会社までが同じ道を歩み始めた。自己中心でわがままな若い社員を叩き直すのではなく「それでいいんだ」と肯定迎合《げいごう》する道を。大手メーカーの進歩的改革は社員を堕落させ、組織を崩壊させる。この会社のトップは「組織の統率」を自ら放棄した。私はこの〝改革〟を近来ない大事件と思うので何度も書くのである。

●鬼のごとく部下に立ち向かう上司は失格か

統率とは、まとめ率いることである。上から見れば統率力とは、「集団を自分の考えどおりに動かす能力」であり、もっと簡単に言えば、「言うことを聞かせる力」である。

統率力が嫌われるようになったのは軍国主義に対する反動のためである。軍隊という組織は一方的な命令と、一方的な強制によって維持された。兵隊には自由も人権もなかった。

敗戦後、日本人は「二度とこのような忌《い》まわしい組織を作ってはならない」と肝に銘じた。そして、命令や強制を伴う統率力なんてものは不要だ、とドブに投げ捨てた。統率者が上に立って統率しなくても組織はうまく機能するはずだ、という仮説を立て、方法を探った。あった！　民主主義である。みんなで話し合い、相談し、多数決で決める。みんなが平等に義務と責任を負う。これなら権力を持つ人が、弱い人に強引に言うことを聞かせる悪弊はなくなる……。

ついに例の会社のように、残っていた統率に関わる基本的な部分を撤廃して、自由平等の民主的組織にするところまであらわれた。ある社長は、「うちもあの会社を見習おうと思う」と言った。この社長は何年も前から社員に命令できなくなっていた。仕事をさせる時は、相談やお願いという形をとった。それでも言うことを聞かない幹部社員に、なだめたりおだてたりしていい気持にさせて仕事をしてもらっている。そこへ大企業でのこのニュース。そうか、上下関係なんてやめてしまえばいいんだ。若い社員が自主的に仕事をする〝環境〟にしてあげればいいんだと思った。そうすれば自分の気持も楽になるし、一石二鳥だと思った。それで共感して真似ようと思った。

●命令と強制によって統率せよ

統率の根幹は命令と強制である。だが、これを露骨に出せば社員は反発する。統率力のある人とは、命令せず、強制せずに、命令と強制を行う人である。

人は理解、納得、信頼、尊敬がある時、喜んで動く。これがあれば命令を命令と感じず、強制を強制と感じない。社長は部下の心をつかまなければならない。下手《したで》に出て猫なで声を出しても、部下は動かない。あなたをなめてかかるだけである。上っ面《つら》だけで統率はできない。会社に対する深い愛情、経営に対する真剣な姿勢、困難に立ち向かう強い精神、知識、教養、人間性などあなたの持つすべての力を出して、部下の心をつかむのである。

人は、誰からも支配されたくないと思う一方で、信頼する人の期待には応えたい、尊敬する人に認められたいという気持がある。いい仕事をしたい、人のためになることをしたいという気持もある。上司は部下のこうした気持に訴えて統率するのである。部下の心をつかむとはこういうことだ。

そして多くの上司がここで考えを誤る。器《うつわ》の大きい人間にならなければ、人格者にならなければ、という気持が強くなり過ぎ、やさしい仏様になってしまう。

器の大きい人間になろうとすること、己の人格を高める自己研鑽《じこけんさん》に努めること、これは大事なことである。指導者は社員から信頼され尊敬される人間であるべきである。しかしこのことと今、目の前にある組織を統率するのは別のことである。社員によく思われようとして（信頼を得ようとして）、統率という任務を放棄してはならない。たとえ人格に欠点があろうと、人間としての器が小さかろうと、指揮棒を捨ててはならない。

あなたは組織の統率者として統率の根幹を忘れてはならない。よく説明して社員が理解してくれればよい。しかし、理解されなくても反発されても、すると決めたことはする。自分が決めた規則・規律は厳格に守らせる。自分が出した命令は厳重に行わせる。これが強い組織の統率者の姿勢である。どんな抵抗に出合おうとこの姿勢をとり続ければ、必ず上司としての人間の器は大きくなる。

8章——上に立つ人の三つの任務

●鬼にならねばとわかっているが

部下を認めなさい、部下の言い分を聞きなさい、部下のよいところを見つけてほめなさい……。デール・カーネギーの『人を動かす』のこうした教えが二十世紀後半の管理手法の王道だった。上司は部下と良好な人間関係を保つことに心血を注いだ。ソフトに、フレンドリーに、を合言葉にやさしい上司が続々誕生した。

この管理手法は二十一世紀にも有効である。しかし、これは万能ではないし、唯一の正しい方法ではない。これは指導育成の、一見スマートで進歩的に見える、しかし偏《かたよ》った一つの方法である。

不況期に入り会社に厳しい風が吹き始めると、経営責任者のなかから「これはおかしいのではないか」という疑問が生じてきた。

たしかに、一度でも殴られた闘犬は横綱になれないと言う。小犬の時でも決して尻尾《しっぽ》を巻く経験をさせてはならない。だから叱ってはならない。ほめて自信を持たせるのだ。英才教育の手法として叱るのは有害、ほめてほめてほめてほめまくれば能力がすくすく伸びる。いわゆる進歩派の「認める、ほめる」は、この点で威力を発揮する。

しかし、会社に勤めている人は秀才ばかりではない。凡才、鈍才がごろごろいる。こうした社員にやさしくフレンドリーに応じていていいのか。いや、それでは何年たっても社員は戦力にならない、人材にならない。会社においては、一見すると古風、そして時代錯誤と見られがちな厳しい管理が必要なのではないか。こうした疑問である。

多くの上司が勘違いをしている。部下の〝人間性〟を尊重し、一定の距離を保ってそれ以内には決して踏み込まず、部下の機嫌を損ねないよう配慮すれば、部下は意欲を持って仕事に取り組む、と。部下の言うことをよく聞いて、部下の立場でものを考え、打ち解けた良好な人間関係をつくっておけば部下はついてくる、と。

いや、勘違いではない。本当はわかっている。部下を甘やかしてはならない。いたずらにおもねり、迎合《げいごう》してはならない。部下のゆるみや未熟を許さず、たとえ部下に嫌われようと、言うべきことはハッキリ言い、頑として筋を通す上司にならなければならない。こうした上司でなければ、部下に信頼されないし尊敬もされない。こうした上司に部下はついてくる。意欲を持って仕事をする。また、このこと自体もよくわかっている。わかっているが、それができない。かつて会社には鬼の上司が大勢いた。今はあまり見かけなくなった。民主的でやさしい上司がふえた。「いい人でいたい」気持は誰にでもある。部下を叱りつけてその自尊心を傷つければ、部下の心は離反し、部下から白眼視される。それは上司にとって耐え難い。そのため上司は、部下のご機嫌取りに終始する。仕事より、部下の将来より、その場の円満な空気のほうを大事にするからである。

●甘い上司は軽蔑される

「私はそんなに甘くはありませんよ」とあなたは言う。ではあなたの行動を見せていただこう。

仕事が遅い部下がいる。

「どうだ、できたか」とあなたは聞く。

「いえ、まだです」と部下が答える。いつものことである。

「ここで引っ掛かっちゃって……」

「そこを飛ばせばいいじゃないか」

「ええ、でも」

「そこは私がするから、先に進め。そうすれば、明日中にはできるだろう」
「はい」
〝今日まで〟の仕事が〝明日まで〟に延びた。決められた期限に仕事を完了しないのは部下の大きな欠陥だが、あなたは「仕方ない」と寛大に許し、しかも部下の仕事を手伝ってあげている。

仕事が速い部下がいる。遅い部下の二倍のスピードがある。緊急の場合、この部下に仕事を頼む。しかし、この部下は素直に「はい」とは言わない。協調性に欠け、礼儀もできていない。

「私ですかぁ？　今こっちの仕事、手が放せないんで、誰か他の人にお願いしますよ」と、そっぽを向いたまま言う。こんなことが何度もあったので、あなたはこの部下に仕事の指示をするのがイヤになっている。自分でやってしまったほうが気分がいいと、山のように仕事をかかえてフウフウ言っている。

部下はあなたをどう思っているか。話のわかるいい上司だと思っている。部下の不満や希望によく耳を傾け、「何とかしよう」と言って、上と交渉してくれる。多少の失敗は上層部に知られないように庇《かば》ってくれる。風邪をひいていると「無理するなよ」といたわってくれる。あなたを、やさしい上司だと思っている。友達のような親しみを感じている。

いやな仕事はみんな引き受けてくれる便利な人だと思っている。しかし、上司としては尊敬できないと思っている。

もしあなたがこうした上司なら、かなり甘い上司だと私は思う。仕事が遅い部下の仕事を手伝う。礼儀知らずの部下を矯正しない。仕事の選り好みをする部下を叱らない。部下の代表者となって部下の不満を上層部に具申《ぐしん》する。部下の失敗を上に隠す。風邪をひいている部下をやさしくいたわる……。こうした態度・行動が甘い上司の証拠である。甘い上司がたどる道程は決まっている。ついには部下からなめられ軽蔑される。上の信用を失う。先行きに一筋の光明もない。

●上司の基本をもう一度叩き込め

やさしい上司、話のわかる上司は甘い上司である。甘い上司の汚名を返上せよ。そのために基本に立ち戻れ。

上司は命令者である。

上司は評価者である。

上司は教育者である。

①命令によって部下を動かせ。

たとえば急な仕事が入って非番の部下に「出てくれないか」と頼む。部下が「すみません」と出られない理由を言う。あなたは「そうか」と諦《あきら》める。いったん出した命令を正当な理由なく撤回してはならない。部下に緊急出動を断る正当な理由など、あるわけがない。

たとえば、命じた期限は守らせなければならない。仕事が遅い部下は、二時間ごとに進捗《しんちょく》状況を報告させる。部下はこの報告を怠《おこた》るだろう。それを叱る。叱り続ける。部下が二時間ごとに報告できるようになった時、部下の仕事能力は向上しているはずだ。報告させるのも叱るのも、命令権の行使である。

②部下の仕事を正当に評価せよ。

たとえば部下の応対が横柄《おうへい》で客を怒らせてしまった。あなたが間に入って客に謝る。その後、そのことで部下を注意しなかったし、上への報告書にも記さなかった。評価怠慢である。

たとえば部下が寝食を忘れて仕事に取り組み問題を解決した。報告書を見て「よかったな」とあなたは答えた。これで終わり。これでは部下はばかばかしくなり「適当にやったほうがいい」という気持になる。この場合の正当な評価は、全身全霊をこめてほめてやるべきだ。泣いて喜ぶのである。「ほめる」は部下にお世辞を言うことではない。部下と一緒になって感動することである。「叱る」「ほめる」は、上司の部下評価を目に見える形で具体化したものでもあるのだ。

③模範を示し、部下ができるまで繰り返し教えよ。

たとえば挨拶なしで黙って入ってくる部下がいる。あなたは「ドアを開けたらみんなに聞こえる大きい声で『おはよう』と挨拶しろ」と注意する。三日もたつと部下はまた黙って入ってくる。甘い上司は、ここで教育をやめてしまう。あなたは「入口の所へ戻ってやり直せ」と注意する。また忘れればまた注意する。この部下が毎日「おはよう」と言って入ってくるようになるまで、五十回でも百回でも同じ注意を繰り返す。部下を育てるということは、部下の欠点を許さないこと、簡単に諦《あきら》めないこと、そして同じことを繰り返し言い続けることである。

以上三点を日常的に自在に行える人が優れた上司である。くどいようだが、「叱る」についての考え方をまとめておく。

叱るということは、相手の行いや考え方を正す教育の一段階である。家庭教育も学校教育も社員教育も教育はすべて、教える、注意する、叱る（ほめる）、罰する（賞する）という段階を踏んで行われる。やって見せ、言って聞かせて、教える。教えたことを行わないなら、注意する。何回注意しても改めなければ叱る。叱っても変わらなければ罰する。上司がこの教育行為を忠実に行えば、部下は育つ。叱るべきを叱らなければ、部下は育たない。

部下を叱れない上司がふえている。叱れない理由として考えられるのは、①会社は戦場と同じであるが、社員に戦争をしているという認識がない、②部下を育てるのが上司の最重要任務という認識がない、③個性尊重や人権尊重といった社会風潮の影響、④能力、実績、教養、人格などあらゆる点で上司と部下の間にほとんど差がない、⑤部下に反発され嫌われるのが怖い、⑥問題が見えない、怠慢、などである。

ビジネス書には「上手な叱り方」として、人前で叱るな、感情的に怒ってはならない、叱る理由を説明せよ、叱った後は必ずフォローせよなどとあげている。これも叱るのを難しくしている一つの理由だろう。会社は戦場である。戦場ではスマートな叱り方など不要、その場ですぐ、が鉄則である。〝叱る〟は激しい行為だから相手の心を傷つける（〝注意する〟というのは、あくまでも静かに行う。これと〝叱る〟とを混同してはならない）。

上司は何を叱るべきか。大きい失敗は処罰の対象だから叱らない、むしろ慰めの言葉をかけてやる。小さい失敗を叱る。何度注意しても聞かないこと、当然守るべき規則を破り、命令無視、命令拒否、命令違反、怠慢、そして報告、連絡の手抜きを叱る。

これからの指導者は片方に偏ることなく、叱るべきは叱り、ほめる時は満面に笑みを浮かべて心からほめる、右と左の両刀を自在に使う人間の幅が求められる。

第三部——人材を育成する

9章――経営の最重要で最優先の課題は

●人を育てるのは会社の〝義務〟である

「おい、そっちは危険だ」と言ったが「いや、これでいいんだ」と水は違う方向に流れ始めた。新しい水路はしだいに太くなり大河となり本流は涸《か》れた。もう元に戻ることはできないのではないか……。三十年間会社の人材育成の代行業をやってきて、日本の会社は今、絶体絶命の危機に直面していると感じる。

倒産社数が急伸し、後に死を待つばかりの病人がひしめき、欧米企業に会社ごと売り渡すところもふえてきている。失業率は五%となり、千人、万人単位の解雇のニュースが連日報じられている。

こうした表面的な現象を危機だと言うのではない。浮き沈みの変化は当たり前、栄枯盛《えいこせい》衰《すい》は世の理《ことわり》。危機とはこの凋落をはね返す人材がいないことである。過去、日本は危機に強かった。明治維新は武士という人材層があったから成功した。敗戦後の復興は〝生き残りの兵隊さん〟という大きな人材層があったから成った。現在、危機を克服する人材層がどこにいるのだろうか。

会社は赤字で潰《つぶ》れるのではない。人材不足で潰れるのである。外国に会社を売り渡した会社の業績悪化の原因も人材の涸渇《こかつ》である。多くの会社が知らぬ間に人材のいない空洞会社になっている。

元軍人兵隊の生き残り組、それに戦前の教育を受けた忍耐強い人々の不屈の働きで復興した日本は、世代交替して高度成長期からバブル崩壊期まで浮かれて踊った。会社は人材育成を軽視した。「社員の教育なんて必要ない」と言う経営幹部が数多くいた。

当時、私は言った。なぜ会社が人を育てなければならないか。会社に貢献してもらうため、迷惑を被《こうむ》らないため、後を継がせるためである。だが、これは表向きの理由であり真の理由は〝義務〟だからである。人を育てる場は会社以外にない。家庭も学校もサークル活動も人を育てることができない。見よ、今もなお礼儀知らずで自己中心で弱い精神の若者をつくり続けているではないか。

会社が最後の砦《とりで》である。会社には人を育てる金があり時間があり人がいる。家庭の親は「会社さん、どうかうちの子を一人前に育ててください」と頼んでいるのが現実だ。学校の先生は「学校では不十分な教育しかできなかったが、会社へ入れば教え子も立派になる」と会社を頼りにしているのが実情ではないだろうか。

会社は人材育成に力を入れる。人材が揃《そろ》っている会社は良い物をつくり、良いサービスをする。社会はその会社を支持し客となって応援する。こうした会社は伸びる。会社と社会は暗黙のうちにこの契約を結んでいる。会社にとっても悪い話ではない。よって会社は人を育てることを己に課せられた〝義務〟として行わなければならない。

この考えに同調して教育に力を注いできた会社は、現在強靭《きょうじん》にして優良な会社に成長している。この考えを鼻で笑っていた会社は潰《つぶ》れたり、現在瀕死《ひんし》の状態に陥っている。

そして時代は変わった。会社は「人を育てるのは義務」などと格好のいいことは言っていられなくなった。表向きの理由、会社に貢献してもらうため、社員が会社の信用を落とす言動をして会社に損害を与えることを予防するため、将来の会社を背負ってくれる人、安心して任せられる人を育てるため、人材育成に力を入れざるを得なくなった。

●経営の最重要の課題は人材育成

現在の日本人の大半が身につけている価値観を変えなければ、すなわち大河の流れを変えなければ人材育成は実を結ばない。私たちは大変な窮地に立たされている。会社の指導者はまずこの状況を認識すべきである。

だが諦《あきら》めてはならない。会社のためだけではない。今、日本という国にはどうしても、しぶとく強い人間、人材層が必要である。その人材をつくる力を持っているのは会社しかない。そのトップが「人材育成」を経営の最重要・最優先の課題とする。社員の甘ったれた不満や自己中心の抵抗をはねのけて進む。どんなに困難であってもこの姿勢をとり続ける。あなたの踏んばりに会社の浮沈《ふちん》だけでなく、国の行く末がかかっている。

●人材育成についての考え方と具体策

実際に社員教育をどのように行っていけばいいか。教育は「何を、誰が、どのように」行うかを慎重かつ十分に検討しなければならない。この三つは、三つとも同等に重要であり、どの一つが欠けても教育は成立しないし、どれか一つが不満足であれば教育の成果が激減してしまうからである。

①では、何を学び、何を教育するのか。

ある大企業は職能（技術）教育、安全衛生教育、人権教育を社員教育の三本柱にしている。こんな柱の立て方はない。職能教育は一本の柱である。安全衛生教育は細い棒であっても太い柱ではない。人権教育は一般社会人の常識教育の柱にはなるかもしれないが、社員教育の柱にはならない。人材育成と無関係であり、この教育を徹底すると人材の育成が阻害《そがい》される恐れもある。この会社と同じような柱を立てている会社は、何を社員教育の柱にするか、一度白紙に戻して考え直したほうがいい。

社員教育には能力開発と人材育成の二つの方向がある。能力開発は技術力の向上や資格取得のための教育。専門知識の学習や実習による技術の習得が、これにあたる。本来、能力開発は個人が行うものである。個人が授業料を払って専門学校や技術訓練校に通う。身につけた技術、取得した資格は、個人の一生の財産である。腕のいい板前さんは、店を辞めても勤め口に困ることはない。

能力開発は個人の責任である。しかし会社は、こう言って社員を突き放しておくことができない。昔のように十歳、十五歳の時から小僧、丁稚《でっち》として預かり食わせ寝かせるだけですむなら「腕は盗んで身につけよ」と十年待っていられた。しかし、今は初めから高給を払う。早く一人前の仕事をしてくれなければ、社員に会社を食い潰《つぶ》されてしまう。そのために給料を払いながら、社員の個人的財産となる技能の教育を、会社がしなければならないのである。

現実に技能教育を受け、そのありがたみ、昔風に言うならば〝恩〟を感じることなく〝もっといいところ〟へ転職していく人がふえている。こうなると、技能教育に力を入れるのは会社としては悩ましいところである。とは言っても、しないわけにはいかない。こうした事情で職能教育を社員教育の柱として認めざるを得なくなっている。

会社組織における〝人材〟とは、会社の期待に応える働きをする人、会社のためになる人である。優れた技能を持っていても組織人として反会社的であったり、会社のために尽くさない人は人材ではない。人材とは会社を支える人であり、会社の存続に寄与する人であり、会社の技術などの蓄積に貢献する人である。こうした人を育てるのが人材育成なのだ。すなわち社員教育は人材育成と同義語である。

社員教育の柱は、「どうすれば人材を育てることができるか」の観点から立てなければならない。柱となるものをあげてみる。

一、人間の基本教育。挨拶、礼儀、言葉遣い、道徳、公徳心など、言わば家庭教育の再教育である。これに加え、命令、報告など組織人としての基本行動を身につける。これらを習慣として定着させる。

二、思考力を伸ばす教育。アイデアを出す、工夫改善する（問題発見、問題解決）、創造性を発揮する頭脳をつくる。頭の回転のよい行動的人間をつくる（行動力とは肉体の力ではなく頭脳の回転のよさである）。そのため読み書きそろばんを徹底して行い、思考力を伸ばす。これは言わば学校教育の再教育である。

三、意識教育。社員の意識（物の見方、考え方、価値観）を高める。個人中心で自由平等、安易な民主的意識にどっぷり浸《つか》かっている社員の意識を、戦闘集団の戦士の意識に変える。一般社会の常識を一度疑ってみる必要がある。そして会社の常識を身につけさせる。

四、精神強化教育。弱い社員を強い人間に鍛え直す。我慢、勇気、忍耐、質実、闘志といった古き良き日本人が持っていた強い心を復活させる。

こうした項目が社員教育の柱になる。つまり人間教育が社員教育の柱であり、人間教育こそ人材づくりの原点である。

②誰がそれを行うのか。

選択肢としては、上司、教育研修部、外部民間教育機関などが考えられる。ところが、根気と情熱と教える技術は、社内の人は劣る場合が多い。社員教育を業《ぎょう》としている外部の民間のプロのほうが、概して優秀。学校教師より塾教師のほうが教育成果を上げていることでもわかるように、効果を上げなければ食っていくことができない立場の人は、必死であるがゆえに信頼できる。

●上からの強制と繰り返しによる教育を

③では、どのように実行に移すのか。

手段方法は多様だが、学校の授業のように講義を受けてレポートを提出して終わりといった方法は効果が望めない。アメリカ産の理論武装した教育手法に、効果のあるものは少ない。高い金を払って横文字研修を採用している会社で、人材が育っていないケースは予想以上に多い。言葉の意味を覚えるだけで、くたびれてしまうような研修で、本当の力がつくはずはない。

教育は分身づくりである。師が弟子に教え、師のレベルに達すれば免許皆伝《めんきよかいでん》を与える。もちろん師を超える人もいるが、その人も師を真似、師に従う修行期を送る。会社においても社長は社員を自分のレベルに引き上げる努力をする。蓄積したものを伝える、会社の伝統になじませる、自分が経験から学んだことを教える。そのための手法は〝道〟の修行同様、一見すると保守的に見え、また厳しいものになる。

教育は繰り返しである。どんな教育も「教える、注意する、叱る（ほめる）、罰する（賞する）」のパターンで行われる。このパターンの繰り返しによって、できなかったことができるようになり、新しいことを身につけることができる。したがって、職場で仕事を通じて、上司が部下を直接教育するのが最も自然であり効果が期待できる。教える、注意する、叱るという上司の指導力が決め手である。上司に指導力があれば人材は育つ。

教育は強制である。社員教育は自由参加や希望者参加制ではない。命令により強制して行う。また、できないことをできるようになるには努力がいる。努力するのがいやだと言わせてはならない。できるまで何回でも繰り返し行わせる訓練や自分でやると決めたことを毎日こつこつ続ける自己啓発は、たしかに苦痛を伴う。しかし、その教育効果は絶大である。こうした教育に社員は拒絶反応を示すが、拒絶反応に屈してはならない。やり遂げれば本人の思考力が伸び、意識が高まり、人間として成長が実感できる。本人が一番喜ぶ。

社員教育の柱のなかで一番難しいのが〝精神力強化の教育〟である。すぐイメージするのは、合宿で夜眠らせなかったり、歩けなくなるまで歩かせたりしている研修だが、これはいかにも表面的である。困難に耐えてそれに打ち克つ経験が精神を強くする。強制され、何百回も繰り返し訓練されて恥をかき、やると決めたことを三ヵ月、六ヵ月と長期に渡って毎日欠かさずやり続ける。逃げ出したくなり辞めてしまおうと思う。それに耐え続ける。しだいに行動習慣が変わり、思考に幅と深みができ、意識が高くなっている。

こうした教育手法によれば、精神力の強化を声高に目標に掲げなくとも、おのずと鍛えられてくる。我慢強さや勇気、忍耐、質実、闘志といった研修前に身についていなかったものが、いつの間にか身についている。

こうすれば人材が得られる。思考力、行動力、強い精神力、そして技能を有する人材が育つ。

10章——社員としての基本は、鋳型にはめ込んでつくる

●だめなベテラン社員をつくったのは、誰だ!

だめな男だと思う。「新しい店を出したら君を店長にするつもりでいる」と言ったら下を向いてしまった。下を向いたままぶつぶつ言う。「女房、子供と休みを一緒に過ごせない。女房は土日休みだし、子供も同じ。土日休みの会社に勤めようと思う」

本音を言ってくれるのはうれしいが、これが五年も勤めている男の本音か。サービス業で土日はかき入れ時、「では、土日を休みにしよう」と言えないのがわかっていて、なお〝それがいや〟というのはどういうことか。しかし、口ではかなわない。社長は負けて引き下がる。そして、気を取り直す。「まだ若い、三十過ぎたらこいつも変わるだろう……」

水をやって肥料をやって待っていれば花は咲く。人も自分の力で育つものだから今は未熟でも時がたてば自然に一人前になる。これを信じて、指導者はじっと我慢している。本

当にこう信じている人はいる。社員の単なるわがままを、ほほえみさえ浮かべて許し、怠惰や反抗に目をつぶって耐える牧師さんのような上司。この指導者は、「人は内省し自分の力で伸びる、いずれわかってくれる」と、本気で思っているのである。

同じく、じっと我慢している上司のなかに、信念としているのではなく、指導を怠けていることの言いわけとしてこれを使っている人がいる。人は黙っていても植物のように育つと信じているわけではないが、部下の拒絶反応に戦いを挑《いど》む気力と技術に欠け、そんな自分を慰めるために「人は自然に育つ」を使うのである。

先の社長の会社は、QC活動（quality control＝もとは品質管理の意味だが、仕事を改善してムダをなくし、仕事の質を向上させるため、社員が率先して工夫、提案、話し合いを行う活動をいう）を行っている。社長とこんな話をしたことがあった。

「QCは人気がありますね。しかし、デキの悪い人にQC活動をさせても、いい提案は出ないでしょう」

「そうだね、ないね。だが、社内の和は出てきた」

「低い意識の和ができてもそんなに価値はない。社長がそれは一番感じているはずですが」

「それはそうだ……。QCのリーダーがしっかりしていないから成果が上がっていない。

ＱＣがうまくいっているとは思っていない」

「リーダーというと管理者ですか。でしたら管理者の能力を高めるべきです。今、管理者の能力を伸ばすいい研修がいろいろありますから、そういうところへ送り込んだらどうですか」

「そんなところ行けといったら、〝いやだ〟と言うだろう。無理に行かせれば会社を辞めてしまう」

「そのような覇気《はき》のない、弱い人、やる気のない人は、潰《つぶ》れても仕方ありません。人の上に立つ人なんですから」

「そんなこと言ったってそれは理想だ。十五年くらい前までは、うちも儲《もう》かった。不満を言う者がいれば、給与を上げてやったり、おだてに乗る者はおだてすかしてうまく働かせた。今はそんなことができない」

「金につられて働くような人はだめです」

「だから君の言っているのは理想論だというんだ。今、うちに人材はいない。来てくれない。もちろん育てなきゃいかんとは思っているがね。管理者の研修なんかは、みんな上から下への教育だ。今は下から上への時代だ。下から出てきたものを上が取り上げるやり方でなけりゃうまくいかない」

「出来の悪い社員の意見や提案を取り上げるんですか。社長は本当にそんなことをしているんですか」

「いや、本当をいうと、私も管理者を研修に出そうと思った。班長クラスまで二十人は出そうと思っていた。だが、みんないやがった。いやがるのを無理にやらせてもしようがないと思った。自分で勉強して力をつければいいんだ」

「自分で勉強していますか」

「しないね。本一冊読まない。それは、それだけの人間なんだから仕方ないよ」

「社長、社員が研修をいやがるのは当たり前じゃないですか。いやがるからといって引っ込んでしまうのでは、社長のほうがおかしい。いいと思っていることが、なぜできないんでしょう。社長一人では会社はやっていけませんよ」

「そうだ。うちは創業以来三十三年になるが、はじめの五、六年は人も少なく、私の考えでガムシャラにやればよかった。みんな、よく言うことを聞いた。今、社員は四十人になった。そうしたなかで、あまり出来のよくないベテランに無理をさせ、そいつが潰《つぶ》れれば、これから伸びる若い社員も動揺する。出来のいいのでも、今の若いやつは精神的に弱い。ベテランが辞めたとなると、将来に不安を感じる。会社がおかしくなっちゃうよ」

「指導者がだめなら、伸びるべき若い社員も、いずれ何もできないベテランになってしまいます。店長になりたくないというあの社員だって、もう伸びませんよ。じっと待っていれば悪くなるだけです」

「君は、人は誰でも変わると思っているだろう。誰でも話せばわかると思っているだろう。現実は違う。だめな者はだめなんだ。私は三十年以上も社長をやってきて、いやというほどそういう人間を見てきた」

「でも、社長はこれから伸びる若い社員に期待している。いずれよくなるだろうと。黙って待っていたって、決してよくはなりません。社長が教育しなくては。社長が諦《あきら》めずに、厳しく管理指導していけば、育つ人は育ちます。本当にだめな社員は結局辞《や》めていきますよ」

「それが辞めないんだ。辞められないんだ。ベテランで残っているのは、もういい就職ができないような、何もできない四十代、五十代の家庭持ちばかりだ」

「………」

●社長が諦めたら人は育たない

学習塾の経営者が「勉強ができる子を伸ばすのは楽だが、できない子を持つと大変だ」と言っていた。三千人、五千人の生徒を持つ大手の塾は、規模が小さい頃から「できない子は入れない」方針を貫くことによって伸びてきた。足切り試験によって三十点以下の子は入塾を断る。そして「当塾より一流校に○×人合格」と宣伝して世の信用を高めてきた。金儲けの方法としてはうまいと思う。

しかし、塾のこのやり方が、教育者として、あるいは経営者のやり方として、あまり立派だと思えないのは私一人ではないだろう。もっとも、これは中小企業に身を置く者のいじけた感覚が言わせるのかもしれないが。

一流企業は人材を採る。出来の悪いのは採らない。三十点以下の出来の悪いのはすべて中小企業に回ってくる。できる社員を伸ばすのは楽だが、できない社員を伸ばすにはその何倍も時間がかかり、またエネルギーがいる。ゆとりのない中小企業、優れた教育者も指導者もいない中小企業に、手のかかる人ばかり回ってくるのは皮肉な巡り合わせである。

かの社長が、「だめなのはだめ」とサジを投げるのも、単純には責められない。

出来の悪い子ほど勉強をいやがる。出来の悪い社員ほど仕事をいやがる。厳しい仕事、つらい仕事から逃げる。この社員が意欲的に仕事に挑戦し、それをやり遂げた自信をもとに成長していくことを、ただ手をこまねいて期待していても無理な話だ。

ここまではいい。だからといって「三十になったらよくなるだろう」と今は諦《あきら》めたり、「人は花のように自然に咲く」と、信じてもいない嘘をついてはいけない。

出来が悪い社員でも育つ。ただし、上司が気を張って迫り続ければ、の話である。三十点が五十点には伸びる。上司が強引に鋳型にはめ込んで基本をつくる、それが大前提となる。

社員は基本ができていない。言葉遣い、挨拶、礼儀ができていない。命令・報告の原則が身についていない。規律を守る姿勢ができていない。仕事の進め方、手順方法がなっていない。行動力がない。仕事に向かう意欲が低い。会社と経営者を理解していない。技術が未熟である。人と協調できない。これらの基本を身につけ、原理原則を覚えさせることが先決である。

通常、社員はこれをいやがる。強制される、型にはめられる、欠点を指摘される、繰り返し同じことをさせられる、注意される、叱られる。学校の自由な雰囲気のなかで、誰からも強制されずに育ってきた人にとって、これらは苦痛であり、逃げたい。だが、いやがろうと逃げ出そうと、基本をしっかり叩き込まねばならない。早い時期に基本をつくってしまえば、指導者の指示に「いやだ」とは言わない。「はい」と言う。そうすれば、〝だめなベテラン〟にはならずともすむ。

鋳型にはめ込まれるのを「いやだ」と言うならば、よその会社へ回すことだ。どうせまだ出来が悪いままだから、諦めもつこう。そして、よその会社から流れてきた同じく出来の悪い人を、根気よく、何とか鋳型《いがた》にはめていく。特にすべての中小企業の場合は〝人材育成互助会〟の会員同士である。

運もあるし経済環境にもよるが、小企業を、人を何千人もかかえる大企業にしたトップがいる。この会社のトップが小企業の時使っていた人は、今あなたの会社にいる人と同じである。なまくらである。社長が、上司が、その人間を叩いて叩いて叩き切った。それしかないのだ。だめだ、なんてがっかりしている暇はない。自分の情熱の炎《ほのお》で社員の目を覚まし、逃げ出す社員をつかまえて引き戻し、土壇場で踏みとどまらせ、ついにはダメ社員ではなくしてしまった。

必死になればできる。あなたは諦めがよすぎる。

一一章――心と体に痛みを与えなければ、人は変わらない

●なぜこんな男を部長にしておくのか

人材とは一芸一能に秀《ひい》でた専門家をいうのではない。その人が所属する組織にとって有用な人をいう。どんなに優れた技能を持っていても、その人が組織に有害な存在であれば人材ではない。

中小企業の金型製造会社。部長は優秀な技術者である。客のどんな注文にも対応できる。滅多《めった》に来ない特殊な注文でも受けられるのは部長のおかげだ。職人気質《かたぎ》の三十年の経験がものを言っている。部下はもとより、社長や専務も部長に一目置いている。

ただこの部長は、自分が気に入ったことはするが、気に入らないことはしない。一番気に入らないのは上から一方的に命令されることである。専務から「三日で仕上げてくれませんか」と言われるとムカッとくる。「はい」などと素直な返事はしない。不愉快な顔で

そっぽを向いて「できるわけないじゃないか。自分でやってみりゃいい」と小声でぶつぶつ言うのである。

物をつくるのは好きだ。だから目先の仕事は黙々とする。それ以外のこと、たとえば部下を指導、管理するといったことはしない。自分が持っている技術を部下には教えず、要所の仕事、肝腎な仕事にはさわらせない。そのため、部下は仕事がつまらなくて辞めていく。過去、部長の下で育った技術者は一人もいない。古手が一人いるが、さほど能力もなくて、身もフタもない言い方をすれば、雑用係である。難しい仕事をこなせるのは、いつまでたっても部長一人。部長の存在価値は、ますます高くなっていく。

部長は家庭を大事にしている。時間がくると「今日はここまでだ」と仕事をやめて帰ってしまう。部下は残業するが部長はしない。社員旅行などの会社の行事には、ほとんど参加しない。社長が三日間の管理者合宿研修に行くよう勧めたことがあった。部長は断った。社長が「もう少し会社に協力的になってくれないか」と頼んだことがあったが、部長は「私は仕事はきちんとしています。後は個人の生活のほうが優先しますから」と答えるだけである。

「なぜこの人を部長にしておくんですか。会社にマイナスの存在ではないですか」と、私は社長と息子の専務に聞いてみた。

若い専務は「たしかに個人の尊重が優先しますから、私もそれ以上強くは言えません。いないとこっちが困りますし……」という答えだった。「専務だってやりにくいでしょう。言うことをきかないんですから」と私が言うと、「でも悪い人ではないですし、機嫌を損なわなければいい仕事をしてくれます。ですから上手におだてて、いい気持で仕事をしてくれるよう気を遣っています」と答えた。

黙っていた社長が、ぽつりと言った。「なぜ部長なんだと言われてみると、たしかにあの男を部長にしているのはおかしいと思う。技術があるといったって、我々が過大に評価しているきらいもあるし……」

●社長が人材教育を怠ったツケ

部長の技術力は、どの程度業績に寄与しているのだろうか。客は、よそで断られた特殊な仕事を持ち込んでくる。よそは少量で手のかかる仕事は断る。それをここは引き受けてくれる。客は感謝はするが、他の割のいい仕事は、おいそれと回さない。この仕事だけを頼み、大きい仕事はよそに出し続ける。客にとってこの金型会社は、いわば駆け込み寺、便利屋であって主要取引先ではない。

こうした突発的な手間のかかる仕事に、技術部も製造部も振り回される。売上げの一割に満たないメリットの小さい仕事が、会社の発展を阻害している。部長のプラス面は冷静に見ればそれほど大きいものではないのではないか。マイナス面は歴然としている。部門の責任者でありながら、頭にあるのは「オレの仕事」だけなのだ。

賞与が出せないことがあった。すると部長は、「納得できない」と社長に食ってかかった。従来どおり仕事をしているのに、従来どおりの賞与が出ない。それは経営者の責任である、と。

社長は状況を説明し、部長に詫《わ》びた。部長は社内で公然と社長の悪口を言い、まわりの社員はそれに影響されて意欲をなくしていった。

この会社、社歴は三十年と古いが、人の出入りが激しく落ち着かない会社である。部長がいやで辞める人も少なくない。技術者をめざす人が何年いても、やりがいのある仕事をさせてもらえないのだから、それも仕方がない。新人が丁稚《でっち》や下働きから入るのは当然だが、三年たっても五年たっても〝仕事〟ができるようにならなければ、将来が不安になる。昔の丁稚奉公とは違うのだから、いわゆるマイペースを通り越し、〝オレが大事〟で部下の将来のことなど頭にない上司、その下に、我慢して居続けねばならない理由はない。

もちろん問題は、部長ではなく社長にある。三十年間社長は何をしてきたのだ。部下である部長に、どんな指導をしてきたのだ。何もしてこなかった。仕事の手順や技術は教えたが、人材としての教育は一切してこなかった。そうでなければ、こんなやっかいな幹部ができるわけがない。

あなたが病気でリタイアして、若い専務が突然社長になったらどうなるか。若い社長では、とても部長をコントロールできない。若い社長は、心身症になって会社から逃げ出すだろう。あるいは数年後、部長が定年退職したらどうなるか。任せられる技術者は皆無《かいむ》である。社長が老骨にムチ打ってこれから十年、人を育てるしかない。

製品の品質には厳しいのに、人間の品質にはなぜこんなに甘いのか。〝人材の育成〟を手抜きしてきたツケが、これから襲いかかってくる。

●我慢と恥と協調性が人材の条件

個人主義の時代である。個人の幸福が第一である。これに反対する人はいない。そのため、現在の日本では個人主義の行き過ぎ現象が至る所で見られる。

個人主義が自分中心主義となり、果ては利己主義に暴走する。人からとやかく言われるのは個人の自由の侵害だ、「自分さえよければいい」という利己主義者がふえている。会社の世話になっていながら会社を悪く言い、会社に自己の権利を主張するぶら下がり社員たち。何かとすぐ裁判に訴える正義派たち。これも個人主義の行き過ぎがもたらしている現象である。

個人主義は義務と責任を伴う。社会に対する義務と責任をきちんと果たしてはじめて個人は大きい顔でものを言うことができる。日本では、それをふっとばした疑似個人主義、欠陥個人主義が横行している。

人材育成の要点の第一は人間教育である。道徳と精神強化の教育をする。個人主義が潰《つぶ》してしまった、人間として最低限持たねばならない資質を回復させるのである。

第一に我慢することを教える。困難に耐え抜いて一つのことを為《な》し遂げる。嫌なことでも逃げない。気力、体力の限界まで挑戦する。苦しまなければ人は成長しないし、深い喜びも味わえない。人材とは我慢強い人である。

第二に恥を教える。女性が羞恥心《しゅうち》をなくしたと言われるが日本人全体が恥知らずになっている。人前ですべきでないことはしないという行動規範は、しっかり持たなければならない。組織に属する人は組織の規律に従い、自己の行動を恥によって抑制できなければならない。人材とは恥を知る人である。

第三に協調することを教える。利他の精神である。自分中心はけっきょく自分の損になる。他を助け、他に協力すれば必ず利が自分に戻ってくる。個人の幸福は他と協調・協力しなければ得られない。チームワークの重要性を教える。団結した力のすごさを教える。

組織のメンバーと共に悩み、共に喜んでやっていく素晴らしさを体験させる。人材とは優れた協調性を持つ人である。

●相手を潰す覚悟で迫れ

人材育成の第二の要点は意識教育である。金型会社の部長と専務は、経営幹部にふさわしい意識を持っていない。自由、平等、個人主義の民主的意識が体にしみ込んでいる。何度も言うが会社は戦闘組織である。戦わなければ必ず潰《つぶ》れる組織である。組織に属する人が「私は戦うのはいやだ。平和がいい」と言っていれば、たちまち滅びてしまう。

現在弱っている会社は、トップ自身が民主的意識の呪縛《じゅばく》から逃れられないでいる会社である。これでは会社を甦《よみがえ》らせることも、起死回生の行動に踏み切ることもできない。指導者は、組織の維持発展のために非情なる決断ができなければならない。プロのスポーツ選手のように勝つことに執着するプロ意識を持つ。トップは組織優先の意識で行動する。

つぎに社員、特に幹部の意識を変える。話し合っても人の意識は変わらない。「共に戦わない者は去れ」と号令する。先の部長はラインから外して専門職にする。専務は、たとえ自分の息子でも一兵卒に降格させる。当然給料は減らす。部下に痛みを与えなければ意識は変わらない。

12章――社長と社員の人間関係

●幹部は社長宅での新年会をいやがった

正月二日の午後二時、社長宅に幹部社員十人が招かれた。奥さんが作った料理が並んでいた。

三時すぎ女性の常務が「家に来客があるので、これで失礼します」と帰った。前から断ってあったらしい。社長は残念そうに送った。その後すぐ専務が、「実は私も、どうしても……」と言った。社長は引き止めたが、専務は「申し訳ないが、みなさんどうぞごゆっくり」と謝って帰った。

この新年会が通達された時、幹部は誰も喜ばなかった。毎週月曜日、幹部会議を行っている。午前中で終わることもあるが、夕方までかかることもある。会議は始めから終わりまで社長の一人舞台、独演会。順番に意見を聞くが、それは社長の考えを引き立たせるためのバックグラウンド・ミュージックでしかない。夕方まで会議をした後は飲み屋に繰り出す。これまた社長主導で、酒も肴《さかな》も社長の好みが押しつけられ、会話は会議同様みんな社長の一挙一動一言にうなずき、調子を合わせる。社長は、少し口ごもる癖のある課長に「おんどり課長」とあだ名をつけ、「こ、こ、こ」と真似てみせる。当の課長は苦笑いしているが、社員たちは社長の表情や口真似がうまいとほめて大いに笑う。社長は、みんながうちとけて心から楽しんでいると思っていた。

幹部社員は社長への〝追従《ついしょう》〟にうんざりしていた。社長と日常〝深く〟接しているのだから、あらためて正月の休みを一日潰《つぶ》してまでコミュニケーションをはかる必要はない、と思った。社長の命令だから出席するが、気が重い集まりだと思った。

そんな気持が席上に出た。浮かない顔、話は途切れがち、そして常務、専務の早退。それをいいことに四時頃、部長が「では、そろそろ」と、みんなをうながして閉会にしてしまった。

夜までやるつもりでいた社長は、残された料理の山を前に苦い顔をしていた。不愉快だった。いつもと違う幹部の態度に腹を立てた。だがその原因である「自分と部下の間に良好な人間関係ができていない」ことには思い至らなかった。

そして以前にも同質の不愉快を味わったことを思い出した。社員旅行のことである。宴会の時は社長のところに幹部が寄ってきたが、翌日遊園地で自由行動になると、みんなどこかへ行ってしまい社長一人になった。社長はどうしていいかわからなかった。乗り物に乗ってキャーキャー言っている社員たちを見つけて近づいてみても、社員は遊びに夢中で社長のそばにやってはこない。社長は、暗い顔で時間がたつのを待った。原因や理由はわからないが、ただただ不愉快だった。この体験を思い出して、社長はいっそう不機嫌になり家族にあたりちらした。

●日本人の人間関係は〝仲〟に尽きる

人間関係というと何か難しいものというイメージがある。人間関係論とか人間関係の研究というと格好がいい。

しかし格好がいいだけで、こうした論や研究は日本の会社の経営や日本人の人生にはほとんど役に立たない。

一九五〇年前後に、アメリカの経営学者のなかに「人間関係論者」といわれる一派があらわれた。この人たちは「生産性と人間関係」について研究をした。そこで、劣悪な人間関係は低い生産性しか上げられないこと、良好な人間関係は高い生産性を上げることを発見した。その研究成果として公正、経営への参画《さんかく》、意思の伝達が大事と発表した。

公正というのは人種差別、男女差別をなくすことであり、経営への参画は労働者の帰属意識を強くする方法、また自己の重要性を認識させる方法であり、意思の伝達（コミュニケーション）は社内情報の共有、労働者の不満や要求を話し合いによって解消すること、上下の意思の疎通をよくして下の偏見邪推《じゃすい》を減らすことである。

これを、「何でもアメリカ」をありがたがる日本の学者が、この国に持ち込んだ。それを企業の経営者や教育担当者がまたまたありがたがって使った。そして「経営参画だ、コミュニケーションだ、旧来の義理人情や日本的なニコポンはよろしくない」という〝斬《ざん》新《しん》〟な教えを会社経営に取り入れようとした。

しかし、日本の会社はアメリカの会社が努力しなくては手に入れられない人間関係など必要なかった。「人間関係が大事だ」と叫ぶ必要はなかった。日本の会社は人間関係が濃密、いわばありすぎて〝よすぎて〟困っているというのが現実で、「生産性を上げるために人間関係を改善しなければならない」という課題は存在しない。むしろ関係がよすぎて馴れ合いになったり、上下のけじめが失われることのほうが問題である。

当時のアメリカがもし日本をよく研究すれば、日本の会社の人間関係を理想的な姿として発表したに違いない。アメリカの経営学が「家族的経営」など、日本的経営のよさを認め紹介するようになったのは、ずっと後のことである。

人間関係というのは何かというと、日本語では昔からこれを〝仲〟といった。仲がいいとか仲が悪いの仲であり、仲間の仲である。この言葉のほうが日本人にはピッタリくる。「上司と部下の人間関係」は、日本語でいえば「上司と部下の仲」である。

よく日本は集団主義といわれる。集団主義のメンバーは仲がいい。仲がいいとはどういうことか。

気が合う、馬が合う、お互い理解し合っている。長所・欠点を認め合っている。これが前提である。肌の色も言葉も同じ。単一に近い民族だから無理なく仲よくなれる。そして助け合い、かばい合う。お互いに相手を思いやり、遠慮し合う。

こうした不文律《ふぶんりつ》のもとに集団が存在する。この不文律に従わない人、たとえば思いやりに欠ける人、遠慮しない人、かばわない人、助け合わない人は「仲間外れ」にされる。集団から排除される。

不思議なことだが「仲がいい」は同僚同士の関係よりも、上下の関係、つまりタテの関係で強い。親分子分の関係である。上が下を思いやり、下が上を思いやる。上が下に遠慮し、下が上に遠慮する。上が下をかばい、下が上をかばう。上が下を助け、下が上を助ける。

これは義理人情の世界、親分子分の間で、当然のごとく行われている。政治の世界でも学者の世界でも小説家の世界でも、親分子分意識、つまりタテの意識が強い。

私たちは、人との〝仲〟をひじょうに気にする。いつも強く意識している。だから反対意見の内容やその妥当性よりも「誰が言ったか」を一番重視する。何を言っているのか、それが正しいか間違っているかは、さして重要ではない。誰が言ったか、「何、あいつがそう言ったのか、けしからん！」となる。

人の仲は感情でつながっている。理性ではない。「その方針に反対」とか「この案は納得できない」というのは、その考えの内容そのものよりも、その考えを出した人、たとえば上司である〝部長〟が気に入らないと言っているのである。「理屈はわかるが、やる気がしない」というのは、大体このケースである。

仲よくするというのは、上が下に気がねして遠慮し、下も上に気がねし遠慮することによって成り立つ。

日本的経営の特質としてあげられる「家族的経営」「忠誠心・団結心」というものは、根底にこの〝仲がいい〟がある。

ところがこの〝仲がいい〟こと、すなわち「良好な人間関係」が組織にとってマイナスになることがある。仲が良いほうが能率が上がり、売上げが上がる場合があるのは確かだが、反面、仲がいいことが会社の生産性を悪くすることもある。

これは社員同士の仲より、社長と社員の仲ではっきり言える。トップが社員と仲よくしてはならない、仲よくしないのが正しいということが現実にはあるのである。

●人間関係の質は会社の規模で変わる

トップと社員の仲のあり方は、会社の規模で変わってくる。

会社の成長には節目がある。単純にいうと小、中、大の三段階のそれぞれに大きい節目がある。小から中へ成長する時と、中から大へ成長する時の二つの節である。

①小さい会社

五人、十人の個人商店の規模が第一段階。ここでのトップは稼ぎ手で労働者である。自分でつくり自分で売る。ここで社長に求められる能力は、「器用で仕事がよくできること」だ。この段階の社長は、古い例だが昔のテレビ映画『コンバット』のサンダース軍曹である。先頭に立ち部下と一緒になって困難に立ち向かう小隊長。部下が苦境にあれば自分の命を賭けて助ける。だからこそ、反抗的な部下も従順になる。

社員との仲は、完全な仲間である。共に汗を流す家族のような関係。社員はトップをオヤジと呼ぶ。言葉遣いもなれなれしい。親近感があり、社員は社長をあまり尊敬していない。共に喜び共に苦しみという一体感がある。一日中顔を突き合わせ、肌と肌を触れ合って仕事をする。

社長は社員の私生活まで思いやる。下もまた、社長の私生活の隅々まで知っていて批判したり心配したりする。

上と下がピタッとくっついている。社長も社員も、その〝仲〟のあり方で恨んだり苦労したりすることは少ない。ずっと一緒に暮らしてきているので、気心知れた仲である。この段階は、日本人にとっては一番自然な人間関係、義理人情や思いやりや遠慮が、そのままプラスに働く。

②中の会社

五十人、百人の中堅規模が第二段階。社員が十人の会社でも社歴が長くて「中《ちゅう》の会社」に入るところもある。小と中の分け方は社長の任務による。

ここでは、社長が考える人になる。仕事ができる社員が何人かできて、その人に任せる。社長は方針を考え、計画を立て、問題を見つけて解決するのが役割になる。つまり社長は「何をするか」を考え「何をさせるか」を考える組織の頭脳になる。この段階の社長は、映画『パットン大戦車軍団』のジョージ・パットン将軍である。戦《いくさ》好き、規則屋、方針・戦術立案に優れ、部隊を勝利に導き、兵から厚い信頼を得る。当初その厳しさゆえに部下から嫌われるが、「勝つ」ことにより結果を出して「有能な上司」と信頼された。

この段階での社長と社員の仲は、小の時の「仲間」ではない。上が下を信頼する。下が上を信頼する。これが〝仲〟のあり方である。

社長は社員の能力を信頼して、仕事を任せる。任せて、成功をじっと我慢して見守る。困って相談にきたら助ける。社員は社長の頭脳を信頼して方針や計画に従う。「ニコポン」管理という言葉がある。現場を見回って「どうだ、うまくいってるか」と肩を叩いて励ます。人間関係論では、「ニコポン管理者」を軽蔑《けいべつ》しているが、ニコポンは、この段階の社長が、仕事を任せた社員に自分との良好な人間関係を表現する優れた方法である。

③大きい会社

組織力で動く第三段階。この段階は、考える仕事を含め、みんな社員がする。方針、計画、すべてを下の者がやる。

社長の任務は理解し評価すること。

社長に必要な能力は、人間に対する理解力と包容力だ。社員の実績を公正に評価する。よいものは取り上げ、よくないものは突き返す。この段階はパットン将軍の上司、アイゼンハワー元帥である。パットンが世論に負けて罷免《ひめん》された時、「この戦争にパットンは必要だ」と三ヵ月で司令官にカムバックさせた。総合判断力と同時に人間に対する理解力が優れていた。

大きい組織のトップには、器用で何でも自分でやったり、自分で考えてこうしろ、ああしろと指示をするタイプは不適任である。有能な社員を腐らせてしまう。それよりは「よきにはからえ」と言っているほうが失敗は少ない。

この段階では社長と社員の〝仲〟はない。社長は孤独である。

以上まとめると、トップと部下との人間関係は、第一段階では「仲間」、第二段階では「信頼」、第三段階では「理解」ということになる。別の見方をすると、第一段階は親しまれる指導者、第二段階は怖がられる指導者、第三段階は孤独にして崇拝される指導者でなければならないということである。

はじめに話した新年会の例の会社は、会社がすでに第三段階に来ているのに、社長が人間に対する理解力、包容力のない人で、第二段階はおろか第一段階の節目さえ越えていないケースである。社員に任せることができない。何もかも自分でしないと気がすまない。社員とは和気あいあいに仲よくするのが一番大事と考え行動する小さい器《うつわ》のままなのだ。そのため社長と社員の仲が冷えきっていた。

組織を預かる人材は、今、自分の組織が、どの段階にあるかを見極めなければならない。その段階に適した器の人間にならなければならない。

13章——卓越企業は〝報・連・相〟を捨てる

●独走する有能部長は劣等管理者

規模の小さい会社や創業してからの社歴が浅い会社は、社長一人の意思で動いている。紙切れ一枚の処理にまで社長の意思が反映する。社長はいちいち細かい指示を出し、いちいち報告を求め終日多忙となる。

社長の意思は、まだ定まっていない。経営の基本方針や経営計画に従って経営する段階まで進んでいない。社長自身が、試行錯誤しながら、一歩一歩進んでいる。たえず軌道修正をする。朝令暮改をする。命令の変更や取り消しが日常茶飯事だ。

こうした会社ではいわゆる〝報・連・相〟（報告・連絡・相談）は会社の命綱である。現場からの社員の報告によって社長の考えが練り直される。方向転換や修正が行われる。迅速・正確・緻密な連絡によって、社長の意思が社員全体に徹底される。

相談によって仕事上の問題が明らかになり、それを解決することによって仕事の質が向上する。

社長は「仕事ができない社員より報告しない社員のほうが嫌いだ」と言ったりする。この段階ではこれが正しい。報・連・相のほうが、個々の仕事よりも重要だからである。

トップは頭だ。頭は一つ、社員は手足。手足は自分で考えることができない。頭に報告する。頭が考えて「ではこうしなさい」と指示する。この繰り返しがスピーディーにスムーズに行われるためには、下からの報告が欠かせない。報告がなければ頭も手足も活動できない。

この段階の会社では報・連・相そのものが「目的」である。報・連・相が十分できれば、後は社長が全責任を負う。少しくらい仕事ができたって、報・連・相をせずに自分勝手な行動をする社員は不良社員であり、社長はその社員を煙たがる。時には会社から出て行ってもらいたいと思う。十年、二十年たち五十人、百人の規模になった会社でも、意思統一ができていなければ報・連・相は重視される。

部長、課長という中間管理者のなかに社長に伍する力を持つ人が出てくるが、この人が部門の業績を上げていても、もし報・連・相を怠れば、社長は許さない。

ある部長は一部門を任され、社長が離れた所にいることもあって、自分の考えで部門運営を行い、それをろくに報告しなかった。やがて社長から「なぜそんなことをした」と、追及の電話が頻繁に入るようになった。「すぐやめなさい。○×しなさい」と命令された。「うまくいっています。だからいいじゃないですか」と反論しても聞いてもらえない。それでもなお自分のやり方を続けていると、一時間に一回の状況報告を命じられる。報告すると追及され、詰問され、答に窮した。社長に報告するのが苦痛になった。社長からの電話が怖くなった。

ある時社長から電話で「私はそんなことをやれと言っていない、全部元に戻してもう一度始めからやり直せ」と言われ、部長はついに切れて「現場へ来て自分がやってみればいい」とどなってしまった。部長は左遷され、一年後退社した。

この段階の会社では、現場の状況を報告して指示を仰ぐ部長のほうが〝優秀な管理者〟である。自分で考えて立派に部門を運営する有能な部長であっても、報・連・相を疎《おろそ》かにして独走するなら〝劣等管理者〟となる。

●権限委譲は能力で差をつける

社長がうるさく指揮統率してきたおかげで「意思統一」ができた。会社の方針は全体に行き届いており、各部門は目標と計画によって動くことができるようになった。会社が一段節目を越える時である。

これまで細かいことまで逐一報告を受けていたが、これからは結果だけでよい、事後報告でよい。自分の守備範囲は自分で守れ。問題は自力で解決せよ、となる。

これがうまくできない組織がある。たとえば警察。第一線の刑事は事件の捜査に全力・全神経をそそぐべきである。かつては事件解決に寝食を忘れる刑事がごろごろいた。刑事といえば犯人捜しに執念を燃やす鬼であった。ところが今の刑事は精力の半分を報告書づくりにとられている。

キャリアと言われる課長以上が、現場と捜査状況を把握するために第一線の報告は欠かせない。責任者が「知らない」では通らない。そのため毎日詳細《しょうさい》な報告を求める。そのため刑事（警察）の捜査力はガタ落ちとなり、凶悪な殺人事件の迷宮入りが日常茶飯事となっている。

敵と向き合って鉄砲を撃ち合っている時に、後方の上官から「状況を報告せよ、詳しく……」ときたらどうだろう。現場で戦っている兵隊は、きっと「やってられない」と思う。「ここへ来て見ろ」と言いたくなる。これと同じことを警察は行っている。

報・連・相は大事だが、これは会社の目的ではない。あくまでも組織を円滑に運営するための手段方法である。ポパイはほうれん草を食べるとパワーアップする。ポパイにとってほうれん草は、一種の麻薬である。ほうれん草がなくても存分に力を発揮できれば、それに越したことはない。

社会から認知された中堅企業となり、仕事ができるベテラン社員が揃い、進むべき方向がみなわかっており、成果を上げることが大事な時に、旧来の報・連・相をそのまま求め続ける社長は人材を殺している。

ここで社長が成すべきは権限の委譲だ。部門の管理者に任せて社長が引っ込むことである。

T技研株式会社の丹羽社長は、機械など高額品の購入と銀行からの融資と人事関係についてのみ決裁を行っている。それ以外はノータッチ。各事業部長に具体的な指示はしない。東京、大阪の営業所や高知の工場へは、ほとんど行ったことがない。「現場の状況がわからない人が、指示を出すととんでもないことになる。かつての軍隊の参謀本部がいい例である。現場の運営は状況を把握している現場の管理者の判断によって行われるべし」と丹羽社長は言っている。

しかし、これを拡大解釈し、大胆に権限を委譲すれば、社員がのびのびと能力を発揮していい仕事をするという考えは現実的ではない。

社員は長い間〝素直〟、そして〝従順〟であることを求められてきた。失敗を糊塗《こと》するな、悪いことは真っ先に報告せよ、わからないことがあったら何でも相談せよと、報・連・相の固い枠《わく》のなかで仕事をしてきた。上司のほうも、例にあげた独走部長のように自分の考え方・やり方は出さずに、トップの考えに忠実であることに徹し、部下を管理することを自分の一番大事な任務としてきた。

こうした社員に「お前の考えでやってみろ」と任せてみても、社員は喜ばない。何をどうしていいか戸惑うばかりで、仕事が停滞してしまう。従順を性格として身につけてしまっている人が、自主性と自立を求められても簡単には変身できない。

ある人が係長になった。上司に「部下との会議費(飲食費)は、係長はいくらまでいいのでしょうか」と聞いた。

係長になると権限が付与されるのはわかっているが、どんな権限なのかわからない。やっと思い当たったのが飲食費の権限だったというわけなのだ。

これと同じことで、権限行使に慣れていない人に「さあ自由にやりなさい」と権限を委譲すると、紐《ひも》を解かれた犬のようにどこへ飛んで行ってしまうかわからない。

本来、権限委譲というものは個人に対して行う。上司の意思に同調し、自分の考えで部門の運営ができる力のある人に、上司は「君のやり方で自由にやってよい、報告はいらない」と一切を任せる。同じポストにあっても、不安のある人に対しては委譲しない。報告を求め許可承認を与える。

権限委譲を、機械的に扱い、固定した一律のルールとしてはならない。部長クラスにはこれこれ、課長クラスにはこれこれとしてはならない。「報・連・相の必要なし」は、トップや管理職が、より下位の者に与える賞である。認知行為である。個々に差がつくものである。

●〝報・連・相〟なし、管理不要の会社に

先のT技研では、課長以上の管理者が日常の業務目標と改善目標を具体的に数字であらわし、文章にして提出する制度を作った。その目標の進捗《しんちょく》状況を三ヵ月、または六ヵ月ごとに取締役会がチェックする。

この制度の目的を丹羽社長は「課長以上は上から管理される必要がなく（報・連・相不要）、自分で目標を立て、その目標に向かって計画を立て実行することができる人であるべきである。自分の判断で思うようにやらせて、結果に責任を負わせるという組織にすれば、会社は活性化するはず」と語っている。

第四部——後継者の選び方

14章――社長が温情を捨てて鬼になる時

●最古参の営業部長が社長の頭痛の種

社長は、取締役部長の井川の件で頭を痛めている。売上げが低い。そのうえ代金の回収が悪い。この会社では、社長と事務員以外は専務も常務も売上げ目標を持っている。専務が一〇〇〇、常務が九〇〇、井川部長は五〇〇だ。専務や常務は目標にふさわしい成績を上げている。それに比べ井川はここ一年、毎月二〇〇から三〇〇の間で達成率は五〇%。在社五年の女性の営業担当が八〇〇に到達している。他の社員も五〇〇前後の実績を残している。井川の成績は、入社一年の二人の新人のつぎに悪い。

売上げは積み重ねのリピートが主である。だから社歴の長い人が得だ。井川部長は社歴が二十二年で専務や常務より古い。それでこの成績はおかしい。八〇〇の数字を上げている女性は、紹介によって新規客をふやし、売上げを伸ばしている。井川部長は新規客はゼロ。そればかりか自分のユーザーをしだいに失って（他にとられて）、低下の一途をたどっている。

売上げが低いうえに代金回収が滞っている。女性営業は毎月期日に一〇〇％集金してくるのだが、井川は毎月数件残る。期日に入れるのは売上げの五〇％がせいぜい。経理がうるさく言うのだが改まらない。

社長は、「会社が困るからと言って土下座してでももらってこい」と忠告した。井川は「はい」と答える。しかし、回収率は全然よくならない。

井川は一流大学を出て新卒で入社した。大企業の管理職をしている父親が、「よろしく」と会社に挨拶に来た。二十二年前のことである。今になって思えば、この出発点からそもそもおかしい。息子の就職先に親が挨拶に来るのは過保護である。社長は親から直接頼まれたこともあり、また学校の成績もよかったので、特別に目をかけ、そばに置いた。井川のために、社長は自分の客を惜しげもなく分け与えた。

会社は好景気の波に乗って社員数八十人の規模にまで拡大した。が、これがピーク。バブル崩壊後は急降下。毎年人を減らし（成績が上がらないので社員が辞めていき）、現在は二十人の規模に縮小。それでも、潰《つぶ》れもせず大手に吸収されもせず健闘しているので、この会社は業界では光り輝く存在である。六十九歳の社長は、今も同業者組合の理事長を務めている。

強い社員だけが残った。そのなかで井川の弱さは、ひときわ目立つ。社員が多かった時はそうでもなかったが、今は誰の目にも明らかだ。社長は井川を直接指導し、注意した。そのつど井川は、「はい、わかりました」と素直に頭を下げる。昔からひじょうに素直で、逆らったことは一度もない。そのため社長も長い間見誤っていた。

最古参の営業部長が、実は営業力がない男だということが歴然とした。集金に行き、客に「今日は無理だ、後にしてくれ」と言われると、「はい」と言って帰ってくる。言うべきことをしっかり言えない。〝押す〟力に欠けている。どうすればこの男を変えることができるか、社長はこのことで悩んでいるのだった。

●みんなの足を引っ張る不良社員を、なぜ社長は処罰しない

井川は苦労知らずである。たしかに大学入試の勉強は懸命にしただろう。努力の経験は、これ一つくらいのものだろうか。本はよく読む。俗に言うインテリである。しかし社会に出てから苦労をしていない。つまり、〝仕事〟で鍛えられていない。

二十二年間、井川はユーザーにご用聞きをして回っていただけである。誰から咎《とが》められることもなく、これを続けてきた。そのため不況で一人ひとりの営業力が強く求められる

時に、他と大きく水をあけられる惨《みじ》めな姿をさらしだした。

責任の一端は社長にある。社長は自分の息子が入社していないこともあって、井川を〝後継者に〟と思ったこともある。かわいがり、甘やかした。社長も、実の父親と同じように井川に過保護だった。

井川は成績が悪く、さすがにばつが悪いので、社長に会わないように夜八時過ぎに会社に戻る。朝は社長が早く出社しているので顔を合わせないわけにはいかないが、出社してすぐ外へ出る。それでも社長につかまって小言を言われれば「はい、はい」と頭を下げてその場を逃れる。

三年前、四十二歳で結婚した。ところが三ヵ月で離婚。それを本人が言わないので、社長はじめ会社の人は一年間ほど知らなかった。本当のところはわからないが、今は「井川が愛想をつかされ逃げられた」のだ、と周囲は勝手に納得している。夜会社へ戻って、買ってきた菓子パンを食べている井川を見て、経理の女性事務員は、「おとなしいお坊ちゃんで男としての魅力がない、あれじゃ奥さんもいやになるわ」と同僚に言ったという。

欲がない、パワーがない、ガッツがない、この井川をどうすればいいのだと社長は悩み、教育を商売とする私に相談を持ちかけてきた。井川が自分の問題点を書いた手紙を出すから、それに返事を書いてほしいと社長は言う。私は、二十二年も甘やかしてきたのだから無理な話だと答えた。ここは社長が鬼になって、かわいい井川部長を切るしかないのではないかと助言した。

井川には、専務・常務に次ぐ高い給料を払っている。その井川に、数年前から部下を持たせないようにした。井川の下につけた部下は例外なく半年以内で辞めてしまうからだ。それで部下なしの部長になっている。

私は肩書も外し、給料は一般社員並に下げるべきだと提案した。専務・常務は先輩である井川に直接文句を言えないが、内心では社長に早く何とかしてほしいと思っている。他の社員も同様に不愉快を感じている。経理は井川が持ち帰ってくるはずの集金分のために、夜遅くまで残っていなければならないので、井川に憎しみに近い感情を抱いている。成績が悪いだけでなく、みんなに迷惑をかけている、こんな社員に、まったく手を下さない理由はない。

この進言に、社長は「私が甘い、そのとおりです、決断します」と答えたものだった。

●欲なし夢なしの第三の人種

欲のない人はいないが、欲が小さい人がいる。競馬やパチンコで小銭を擦《す》ったり儲《もう》けたりすることに一喜一憂し、そのことに相当の時間を投入し、生き甲斐としている人たちがこれに属する。何も低所得者層とは限らない。知的レベルなど、まったく関係ない。こうした人々は、高校や大学の先生のなかにも多く見られる。

欲は夢である。欲が小さい人は、得てして小さい夢しか持っていない。言い換えると、「自分は何をしたいのか、どうなりたいのか」と聞かれても、ハッキリ答えることができない人である。ポケットモンキーを篭《かご》に入れて歩いている若者が、「猿を飼うのがボクの夢だったんです」と誇らしげに語った。

隣にいた女性は、「まあ素敵！」と目を細めたが、私は苦笑した。青年の夢としてはあまりに小さい。人様に語るに足る人生目標とは、正直なところ思えない。経営者でも、しっかりした大きな夢を持つ人は少ない。少し儲かると、ばくちや遊びごとに現《うつつ》を抜かし、小さな享楽に溺れる人があっちにもこっちにもいる。

その日ぐらし、中途半端、適当、怠け者、小器小人……。しかしこうした人々を一律に「だめだ」と否定するのは暴言だろう。大半の人がここに属するからである。もちろん私もその一人だ。ふつうの人、平凡な人はみなこうなのだ。そして平凡な人こそ、人間の本性に忠実に生きる人間社会の中心的な存在である。世の中は、この平凡な人がつくり上げている。

「自分は何をしたいのか、どうなりたいのか」しっかりした大きい夢を持ち、その夢の実現にまっしぐらに進む人、マイナスの状態から出発し、努力し、苦労してついに成功を勝ち取る人、こうした人は偉大な人であり、凡人の上に立って指導する優れた指導者になる。優れた指導者は、あくまでも少数派だ。

私がここで言いたいのは、大きい夢を持つ優れた人になれということではない。世の中には小さい夢しか持たない多くの人と大きい夢を持つ少数の人がいる。

だが最近、第三の新種があらわれ、急速に増殖している。それはまったく夢を持たない人、欲のない人である。ある先生が少年少女に「今、何が一番好きか」「今、一番何をしたいか」を書かせたところ、ついに最後まで書けなかった子が何人もいたと報告している。こんな人は三十年前はいなかったが、今はどこにでもいる。井川部長もその一人ではないだろうか。

欲や夢は、欠乏から生じる。貧は、富を欲す。下層の人は、権力と栄達を欲す。そのため身を立て名をあげることを目標にする。

欠乏、マイナス、ハンディキャップが向上心のバネだ。このバネがなければ、欲も夢も発芽しない。子供が欲しがるものをつぎつぎに与え続ければ、その子供は何も欲しがらなくなる。親の言いなりになっていれば〝満足〟が得られるので、自分で考え、自分の力で行動することをやめてしまう。

温室育ちの植物は、見た目は一人前の姿と形はしていても、芯《しん》が弱い。骨や筋肉ができていない。自然界に置けばすぐ枯れてしまう。恵まれた環境で過保護に育てられた第三の人種、近年この人種が日本では特に目立って増加している。

●どんなにかわいくても、鬼となれ

ふつうの人なら教育や叱責《しっせき》が通じるが、第三の人種には通じない。教えれば「はい」と言い、叱れば頭を下げて謝る。その態度やよし。それだけである。現状を改善したい、今よりよくなりたいという欲がないのである。自分の考えや行動を変える力はない。力の源《みなもと》となる欲がないのだから、いくらボタンを押してもエンジンがかからない。

社長は、井川を一流大学出の幹部候補と見て採用した。この時、〝使い物にならない男〟と見破れなかったのは、神でなく人の成すことだから、仕方ないかもしれない。しかし二十二年間気づかなかったのは、弁明できない失敗である。井川は家で親に接するように社長に接し、社長は父親のように井川を包容し、外の世界の風や冷気から守った。井川は部下に逃げられ、全社員からよそよそしくされ、いつもポツンと孤独だったが、社長のおかげで取締役部長でいることができたのだった。

私は年上の社長に、老婆心ながらこう助言をした。井川部長に対する処罰は「今後二ヵ月、五〇〇の目標を達成できなければ、このように処罰する」と、執行猶予の期限をつけて再起を促すべきだ。こうすることで井川部長が背水の陣で発奮する可能性が残る。申し渡しは社長一人で行うのではなく、事前に専務・常務に伝え、意見も聞いておき、必ず専務・常務を同席させて行うこと。こうしなければ、社長はまた井川を許してしまう恐れがあるからである。

井川のような社員は、どこの会社にもいる。学校の成績がよくて、おとなしい好青年。もし私の会社にこうした社員がいたら、どうするだろう。

「孫」というヒット演歌がある。どうして孫はこんなにかわいいんだろう、孫は宝物といった歌詞だが、社長は井川に対して父親というよりも祖父の心境になっていたのではないか。もしあと十年も好景気が続いていたら、社長は井川を後継者にして引退していたかもしれない。その後、現在のような不況がきたら会社は潰《つぶ》れていたことだろう。

経営に甘さは禁物、孫のようにかわいい相手を、鬼となって切り捨てる非情さが求められる。

15章——どうすればトップの代行者をつくれるか

●間違いを重ねて会社を衰弱させた社長

業界の顔役となってしまい、会社にいることが少ない経営者が言う。

「私がいない時、専務に会社を守ってくれることを期待していた。だが私が十日もいないとミスやロスがふえる。専務は客を接待して飲み歩いたり、私物を会社の金で買ったり、真似なくていいことばかりしている。社長代行という意味をまるでわかっていない。私が会社でやっていることをそばで見ているはずなのに、そういうことは全然真似しない。私は外の活動をやめられないし、専務は本社から来てもらった人なので替えられない。このことでずっと悩んでいる」

会社は社員数は五十人、拠点三ヵ所の規模に拡大していた。目が届かなくなり、社長は組織図を作った。幹部を数名外からスカウトしてきて頭に据えた。社員のなかには長が務まる人は一人もいなかった。これまで社長がワンマンで、社員を手足として使ってきた。有望な社員もいたが、辞めてしまった。

組織図ができ、責任者を配置したが組織はできなかった。社長が外から戻ると士気はゆるんでおり、職場は雑然とし、客の苦情が途中で放置されていた。冒頭で社長がこぼしているのはこうした状況の時であった。

社長は自分に代わる者がいないまま、外の活動に走るべきではなかったのだ。会社を長く離れるまでに組織ができていない。それを考えていなかったのが社長の第一の間違い。辞めて独立してしまう社員、つまり見どころのある社員を引き寄せ、優遇し、教育して幹部にすべきだった。これを怠ったのが第二の間違い。

組織化を急ぎ、部門長や専務、常務をよそから持ってきた。大企業にいたからといって誰でも指導者が務まるわけではない。この安直な人事が第三の間違い。

三つも間違いを重ねれば、会社はよくなるはずがない。現在、会社は本店のみに縮小、社員の数も半減している。社長は年をとり、体も弱ってきている。外の活動はようやく中止した。

しかしながら、息子は後を継がず、社員のなかに後継者はいない。社長は整理整頓ができていない事務所で、

「将来に希望がない。若い時のような気力がなくなっている。三十五年間やってきたことが後々残らないと思うとさびしい」

と語った。

●社長代行が育たない二つの原因

会社は永続することが尊い。永続するには社長から社長へのバトンタッチがうまく行われることが欠かせない。そのため日頃、トップの役を肩代わりできる幹部が育っていることが大事。現実には、中小企業で社長代行が務まる人を持っている会社は少ない。その原因の一つは、社長に、社長代行者を育てる気がない点にある。大抵は自分の気力、体力が目に見えて弱ってきてから〝つぎ〟を本気で考える。それまでは自分が衰えて死ぬなどということは考えないし、実感もできない。

もう一つの原因は、トップと社員との意識の差だ。社長と社員は一人の人間としては変わらない。平等であり、また、日曜日に街を歩いている時は、一市民として同じ意識を持っている。しかし、会社という組織では、社長がどんなに民主的でも〝使う側〟の意識を持ち、社員はどんなに有能な人材でも〝使われる側〟の意識を持っている。この溝を埋めるのは不可能と言えるほど難しい。

この二つが原因となり、社長代行が務まる社員が出てこない。

第一の原因を克服するのはそう難しいことではない。社長が自分という人間を客観的に眺めることができれば解決する。

社長は欲望が強い。夢が大きい。十億円の売上げという当面の目標に向かって突っ走る。それがだんだんに実現してくると夢中になる。冷静に人生を考えることなどしなくなる。情熱、根性、努力の毎日。社員を手足として使ってワンマン経営を行う。十年、二十年が、あっという間に過ぎてしまう。六十を過ぎてもサミュエル・ウルマンの『青春』の詩などを飾って、まだまだ目覚めない。

人は老いるもの、枯れるもの、次代に引き継ぐもの、ということを理解することだ。社長の寿命三十年説があるが、何年でもかまわない。自分が衰える前からつぎの人を育てること、それを最大の使命と自覚すること。死ぬまで社長をやっていてもいいが、死ぬまでやるのは次期社長を立派に育てていることが条件である。

諸行無常の仏教的人生観を持てとは言わない。人は次代に引き継いでいくもの、という人生観を持つのである。そうすれば働き盛りの今から、あなたは、代行できる人物を育てることに力を注《そそ》ぐだろう。

第二の原因を解決するには、教育の力に頼るしかない。社員の意識向上、意識改革の教育を行う。これによって意識の差を縮めるしかない。

社長が社長代行を育てるために今すぐなすべきことは、誰を社長代行にするか選択することである。数名に白羽の矢を立てる。では、何を基準に決めればよいか。

●社員の実務能力と精神面をチェックする

社長が指示を出す。言い忘れたことがある。去年もやったことだから、言わなくても部長はちゃんとやってくれるだろうと思う。それがやってくれない。社長は少しがっかりし、部長に対する信頼を少しなくす。

印刷物のチェック段階。課長が「社長、欄外に経営者コース特集号と入れなくていいんですか。去年は入ってますが」と聞いてくる。「入ってない？　当然入れる。前と同じ字体と大きさの字で入れてください」。社長は、些細なことを課長がよく聞いてくれた、と思う。課長に対する信頼感が少し増す。

これはどういう問題か。社長の信頼感の増減は何を意味しているか。仕事ができる社員、できない社員の違いを示している。人材と非人材の差を語っている。社長はつぎの五点をチェックして、自分の代行ができる社員かどうか判断するとよい。
①経験を活かす。——物覚えが悪い人、同じ失敗を繰り返す人、細かく指示しないと動

かない〝指示待ち〟の人がふえている。社長は「同じことをまた私に言わせるのか」「こんなことまで言わなければまともに仕事ができないのか」と嘆く。これは人材ではない。人材は一度経験したことについては、改めて言わなくても、同じレベルで仕事のできる人である。

②仕事の細部に注意を払う。――指示は大づかみに与えられる。また仕事の細部は社員の判断に任される。ところが、この細部の出来具合で、仕事の成果が決まる。時には成功と失敗に分かれることがある。手抜かりはないか用心し、正確を期すことに神経を使って使い過ぎることはない。小さいことまでいちいち言わなくても、上司が思っていたとおりに仕事を片づける。そんな部下に上司は安心する。

③隠さず報告する。――自分が責任を問われる失敗の報告はしにくい。報告を引き延ばしたり、嘘で固めたりしたくなる。しかし、この気持に勝ってすぐに報告する部下は素晴らしい。責任感が強い。社長や会社を深く信頼している。上司はこんな部下には心を許すことができる。

④疑問を提出する。――「ここはこう変えたほうがいいんじゃないでしょうか。効率が悪いですから」と疑問点を指摘し、提案をする。社長はその社員の疑問を取捨選択して答える。即取り上げて実行することがあるが、取り上げない場合でも参考になるので、その

社員に感謝している。

⑤社長以上に厳しい考え方をする。――社長が明日いっぱいで仕上げてくれれば、と思っている仕事を、部長は部下を夜中まで残して今日中に終わらせた。「部長は少し荒っぽい」と社長は思う。だが、社長は内心自分以上に厳しい考え方をする部長を信頼する。

以上五点は、仕事の実務能力のチェックである。社長を代行する社員は、まず実務能力の面で優れていなければならない。

この実務能力と「我慢する、恥を知る、協調性」といった精神面で合格する人が社長代行ができる人である。裏返すと社長代行は、誰でもできるものではない。実務能力が不足する人や精神面で未熟な人はできない、ということである。したがって、社員にこれらが欠けているなら、社長はこの面の教育に力を入れなければならない。面倒臭がらずに社員の仕事ぶりに目を光らせ、いちいち口を出して管理・監督しなければならない。

●「これだ」と思う人に過重な仕事を与えて引き立てる

会社が節目を越えて、より太い幹の組織になれるかなれないかは、もちろん運もある。節目を迎えたその時に部門を任せられる人材、社長代行が務まる人材が数名いるかいないかが、運の分かれ目となる。いなければ、社長が組織を作りたくてもできない。いれば、社長に組織能力がなくても、会社は自然に組織の形を整えていく。

その人材は、今は課長でも部長でもない場合もある。二年前に中途採用で入った社員かもしれない。実務能力と精神面で目立つところがある、こうした社員を見落としてはいけない。あなたが目をかけて育てれば、必ず会社を背負って立つ幹部になる。あなたがぼんやりしていれば、この社員は辞めて独立してしまう。せっかくの運が逃げてしまう。

トップの組織能力とは、適材適所の配置や異動を行う人事の能力ではない。むろんこれも大事だが、適材の人材を作り出す能力のほうがはるかに重要である。個々の社員をよく見ていて、意欲と能力のある社員には、つぎつぎと大きい仕事に挑戦させて潜在能力を引き出す。信長が秀吉にしたように、重い仕事を任せて走らせ、自分の分身に仕立て上げる。

小粒ながら自他ともに優良企業と認めるH社の菅原社長は営業一課の安倍課長に「来期は今期の二倍の売上げを上げよ」と命じた。今期の売上げは目標の七〇%、黒字は確保したが最低だった。しかし全力を尽くしての数字である。同業者が先日倒産した。環境は厳しい。二倍の売上げとは、今期の目標の一四〇%である。安倍は「できない」と言った。

安倍がそう言ってくることはわかっていた。社長は、会社のビジョンや長期経営計画などを明らかにし、「なぜ来期二倍売らなければならないか」を説明した。「これを達成しなければ、君が描いた十一階建ての本社ビルはできない。年間一億円ずつの利益を出すという計画が今年は崩れた。来期その穴を埋めなければ、つぎの年はもっとつらくなる」。

社長の意思は固い。何時間も説得した。安倍は「やってやろうじゃないか」という気になった。トップセールスの部下Sに話すと、やはり「できない」と言う。安倍は「できる条件を考えよう」とSを説得した。そして営業一課七名（うち新人三名）は二倍の目標に向かってスタートした。六時半出社、土曜日の休日を全廃、年間三千四百時間働くことを全員で誓い合った。

半年が過ぎた現在、売上げは早くも昨年の目標分を超えている。安倍課長は言う。「真剣になり必死になると、人はすごい力を発揮する。三人の新人はすぐ音《ね》をあげると思っていたが、どんなに厳しいことを言っても喜んで受け入れてくれる。それぞれ新規の契約を決めて自信をつけた。半年で一人前の戦力になった。また我々は疲れてバテると思っていたが、一日十四時間働いても疲れない。みんな前より元気になっている。あと半年だが、目標を達成する自信はある」

菅原社長の「二倍売れ」の意図は何か。安倍課長がこの仕事を為《な》し遂《と》げたなら、自分は引退して安倍を社長にするという考えである。これができれば社長を任せることができる。できなければ、まだまだという試験なのだ。過重な仕事、過大な目標は、後継者候補がトップになる「卒業試験」である。

16章——現場派社長と隠居派社長

●有能やり手社長がつくった脆弱な組織

大学の理数系学部を抜群の成績で卒業した秀才が電力会社に入り、三十歳で独立、コンピュータソフト会社をつくった。三十年後の現在、会社は八十人の社員を擁する〝優良企業〟に成長した。大企業を顧客にしているので安定性が高く、今後の成長性も見込まれている。本社は地方都市にあるが、社長はその土地の名士。市長や県知事、有名国会議員と昵懇《じっこん》の仲である。押し出しが立派で、その態度には風格さえ漂っている。

社長は超ワンマンで、自分に意見するような社員は迷うことなくクビにした。そのため、いつの間にか社長の顔をまともに見て話す社員は一人もいなくなった。社長が話す時は、みなうつむいており、社長に質問されると、おどおど口ごもりハッキリ答えられない。

当初、社長はこれでいいと思っていた。理数系の頭脳の人間は絶対的指導者を求める傾向がある。オウム真理教や統一教会などに、得てして学校秀才が多いのもそのためだろう。自己を確立していない子供は絶対的な力に盲従する。「社員が私を神様だと思ってくれていたほうがやりやすい」――そう社長は思っていた。

しかし、幹部が育たなかった。課長という役職者も十年以上のベテランもいるが、幹部とはいえない。現在、幹部は社長の娘たち二人のみ。八十人の社員のなかには一人も幹部がいない。そればかりではない。挨拶しない、返事をしない、まともに話ができない、つまり人前に出せない社員が半数以上を占めてしまった。

アメリカのある博士が「世の中には男と女とSE（システムエンジニア）という三種類の人間がいる」と言っていたが、この会社のSEは、まさに人間性に欠け、社会性に欠けた三種類目の人だった。

これではいけないと社長は反省した。数年前から採用の門戸を広げ、〝人間らしい〟社員を採用し始めた。また社長自ら社員教育を行った。「できないことができるようになるには努力と苦労が必要だ」「言われなければ何もしない人は社員失格」といったテーマで、自分の体験をもとに教育した。共鳴する新聞の論説をコピーして配った。

効果がなかなかあらわれなかった。反応の鈍い社員に、社長は腹を立てた。「もっとはっきり話せ」「何だ、腐った魚のような目をして」と社員をなじり、くさし、罵倒《ばとう》した。

ところが、逆効果だった。〝人間らしい〟新人はつぎつぎと辞め、石のように無表情なSEは残った。社長は今も教育を熱心に行っているが、私には、うっぷん晴らしをしているようにしか見えない。

この社長は、少年期に苦労して育った。勉強でも仕事でも人の二倍の努力をして今の地位を築いてきた。優秀な人である。だが欠点が一つある。自分の能力に自信がある人にありがちだが、この社長も組織を軽視した。そのため組織づくりが下手だった。八十人の社員がいながら、この会社は組織の体《てい》をなしていない。すでにその兆《きざ》しがあるが、これからますます負の問題が多発し、年老いた社長が慚愧《ざんき》の涙を流すことになるだろう。

●社長の代わりがすぐ務まる人材がいるか

組織とは一言でいえば「首のすげ替え、人の入れ替えがいつでもできる集団」である。首のすげ替えがいつでもできる集団とは、その人がいなくても、あるいはその人でなくても、目的遂行の活動を続けることができる集団である。代わりの人がいるのが組織であり、代わりの人がいない集団は組織ではない。

組織は人が欠けても活動を中止しない。大企業の課長が病気で入院した。それでも仕事は停止しない。係長が課長の仕事を代行する。以下は余談。数ヵ月後、復帰した。すると課長は何もすることがなくなっている。もちろん係長は課長を立てるが、実権は係長に移ってしまっている。課長は寂しくてまた病気になる……。

大企業の管理者のなかには九時始まりなのに、それ以前の七時、八時の早朝に出社する人がいる。これは仕事に対する意欲のあらわれであり、部下に対する率先垂範《そっせんすいはん》でもあり、素晴らしいことである。だがある管理者は「自分の席がないのではないかという怯《おび》えから、だんだん早く出るようになった」と正直に心中を語っていた。組織は個人個人の人よりも役割と能力を重視する。その役割を果たす力を持つ人なら誰でもいい。その点、組織は人に対して非情な側面を持っている。

中小企業の八〇％は組織になっていない。社長が急死すれば代わりがいない。吸収合併してもらうか、力のない人を社長にして、しだいに衰亡していくかである。技術部長が辞めて業績が悪化した会社がある。営業部長が辞めて売上げが低下し、また客の信用をなくした会社もある。穴埋めできる代わりの人、つまり人材がいないのである。

例のコンピュータソフトの開発会社は、社長の頭脳と人脈（営業力）で大きくなってきた。この社長に代われる人はいない。社長が死ねば衰亡の一途が目に見えている。後継者もおらず幹部社員も育っていない。家族しか信用できず娘二人を側近にしているが、これでは組織とはいえない。この会社は社長の個人商店であり、社長が老いていけば、自ら前途をはかなんで廃業するだろう。

同じ県内に自動車部品卸の老舗《しにせ》がある。かつては百人の社員がおり、四つの県でトップの規模業績を誇っていた。現在は社員十五人に縮小、会社全体が淀《よど》んで精気がない。この会社、社長の精力的な働きで伸びた。社長は幹部を育てようとしたこともあるが、社員が勉強をいやがった。四十歳の息子が継ぐことになっているが、見るからに線が細く、配達の運転手一人きちんとコントロールすることができない。

コンピュータソフト開発会社の十年後の姿がそこにある。

会社自体の使命は〝存続〟にあるが、そのためには組織が必要である。特に幹部として指導的立場に立てる人材が必要だ。何をおいても人材の育成――こう決意実行する社長だけが勝ち残る。

●現場派社長と隠居派社長では組織づくりに大きな差が出る

中小企業の八〇％は組織になっていないと言ったが、では、二〇％はどうして組織化に成功したのか。

社長というのは俗物の極みである。人並はずれて欲望が強い。金を儲《もう》けたい、贅沢《ぜいたく》をしたい。こうした欲望が強い人が独立して事業を興《おこ》す。こうした欲望が強い人ほど努力をおしまず働いて勝ち残る。

その後の社長は、ほぼ二派に分かれる。一方は労をいとわず朝から晩まで働き続ける「現場派」。何もかも自分でしないと気がすまない。細かく指示を出し、細かく報告を求め、頭も体も常にフル活動。この社長が八〇％組である。ほかにサークルや業界会合など外の活動に夢中になる名士派や、会社を放り出して遊び回る享楽派も含まれる。

もう一方は、そこそこ儲かって事業が軌道に乗ったら、今度は「楽をしたい」欲望が無性に強くなり、どうすればもっと楽ができるかばかりを考えるようになる「隠居派」。この隠居派が、組織づくりに成功する二〇％の社長たちだ。

隠居派社長はどうしているか。「誰かこの仕事をしてくれる人はいないか」とたえず人を捜している。人がいなければ、できる人を育てる。自分が若い時からこの姿勢で社長業をやってきた。もし隠居派をめざすなら、答は簡単。自分がしていることを代わってしてくれる人をつくればいい。だが、これも大変だ。しかし、「楽をしたい」欲望を満たすにはこれしかない。

まず現場で自分がしている仕事を、代わりにやってくれる社員をつくる。見どころのある社員をそばに置いて知識と技能を教育する。その社員が、期待に応えて自分と並ぶ仕事の能力を身につけた。社長は、現場の仕事から足を洗うことができた。楽になった。

つぎに指導、育成、管理といった指導者の仕事を代行してくれる人、戦略を練り、計画を立てる経営者の仕事を代行してくれる人をつくる。そのために社長と同じ考え方ができる人を育てなければならない。これはまた、時間とエネルギーがいる大変な仕事である。

社長は、三十代の課長クラスを教育した。外部の研修にも参加させ、自分でも〝意識教育〟を行った。大きい仕事を任せて責任を持たせた。給料などは社員の五倍出して優遇した。五年で経営者意識を持つ幹部に成長した。社長に対して、うるさいほど提案し献策《けんさく》してきた。社長が半年いなくても不安のない組織になった。

●社長がいなくても回っていく会社にする

つぎに社長としての人間の器《うつわ》をつくる。

永世棋聖・米長邦雄氏が「産経新聞」で「学校教師が知識教育ではなく心を育てること、すなわち徳育に力を入れる」ことが教育問題を解決する最善手と述べている。同感である。

だが社長が「親が悪い、学校教師が悪い」と言っても始まらない。国の教育がよくなり、いい人が育つのを待ってはいられない。五十年後にはほれぼれするような若者がぞろぞろ入社するようになるかもしれないが、その時まで手をこまねいているわけにはいかない。

今、目の前にいる社員を人材にしなければならない。徳育を行って人格を形成しなければばならない。徳育とは道徳心と公徳心を育《はぐく》むことである。道徳とは上下のけじめであり、公徳心とは社会の秩序を守ることである。会社のなかで社長が社員に上下のけじめを厳しくしつけ、秩序に従う姿勢をつくりあげる。これによって先に述べた「我慢する、恥を知る、協調性」の精神を持つ人間が育つ。人が信頼してつき従う指導者の人格ができる。道徳や公徳心といった人間教育まで、なぜ社長がしなければならないのか。それは目下、これができる人が会社の経営者しかいないからであり、また、これをしなければ真の人材が揃った強い組織にできないからである。

隠居派の社長になる。そのためには、自分が何もしないで昼寝をしていられるようになるには、どうすればいいのか。自分がしていることを全部社員にさせるにはどうすればいいか。それは具体策を考え、考えついたことを一つひとつ実行していくことだ。そのためには、まず「私がいなければこの会社は動かない」という意識を捨てること、そして「私がいなくても健康に運営される会社にする」を社長の使命とすることが出発点となる。

ある優良企業の社長が「今、私は窓際族です。何もすることがない」と言っていた。社長がしているのは得意先回りと将来の新分野進出について考えることくらいで、「ヒマでヒマでしょうがない」と笑っていた。「楽をしたい」という欲望がかなえられると、本当に社長は隠居の身になる。その代わり会社は人材が育ち、強い組織が出来上がる。

17章——落第幹部のなかにいる人材を殺すな

●社長が新製品発売に強硬に反対した

新製品に関する幹部会議。社長と開発部長が新しい製品Nの開発の件で対立していた。社長はNの発売に反対した。

「部長が五年前に開発したSは、月四百万円しか売れなかった。今回のNも同じ結果になるだろう。営業が苦労する。大赤字が出る」

この社長の説に対して、部長は「そんなことはない。月千七百万円は売れるからぜひやらせてください」と食い下がった。

社長は「Sは明らかに失敗だった。Sを一五点とし、ヒット商品Kを八〇点とするとNは何点になると思うか。月いくら売れるか。発売すべきかやめるべきか、みんなの考えを聞こう」と言って白板に数字を書き始めた。社長自身は一五点、月商四百七十万円で発売反対に九八％、賛成に二％。専務、常務は社長に右へならえで同様の評価。営業部長は六〇点、月商千八百八十万円、発売一〇〇％賛成と開発部長より高い評価だった。

開発部長は白板を眺めて思った。営業部長は五年間新製品がなくて苦しんでいたので、ともかく早く出してほしいと思っている。そのため評価が甘くなっている。専務、常務はNの内容を吟味《ぎんみ》もしていないで、社長に盲従迎合《げいごう》している。

五年前に出したSはたしかに売れなかった。しかしそれは内容と質のせいではない。S発売の十ヵ月前にヒット商品Kが発売され、営業はSを真剣に売らなかった。そのうえS発売の翌月新製品Jが出て、営業は満腹で消化不良を起こした。タイミングが悪かった。

今は違う。この五年新製品がなくて苦労してきた営業の意気込みが違う。それにNの内容はSより格段に良い。一五点なんていうことはないし、月四百七十万円しか売れないなんて断じてあり得ない。

「社長がおっしゃるように月商五百万以下であれば私が責任を取ります。やらせてください」。部長は爆発しそうになる怒りを押さえて頭を下げた。

「危険が大きいね。もし君がどうしてもと言うなら第二と第三だけでやったらどうだ。第一と代理店はNを扱わないことにしよう」

社長がそんな折衷案《せっちゅう》を出して、部長はこれを飲んだ。第一と代理店が全売上げの四〇％

をあげている。ここが販売しなければそれだけNは売れない。それでも発売中止よりは、ましだと部長は思った。

新製品Nは、発売当月千六百万円、翌月千五百万円、三ヵ月目には千五百万円と予想以上に売れた。もし第一も販売に参加していれば二千万円はいっただろう。これは社長の予測の四倍以上である。結局Nは一年で一億八千万円（月平均千五百万円）売れた。

専務、常務は開発部長と顔を合わせないようにした。開発部長は「あの時の判断は間違いだった」と笑って言ってくれればいいのにと思った。社長も社長である。ほめ言葉の一つくらいかけてくれたってよさそうなものを……。器《うつわ》の小さい人だと部長は思った。

それにしても〝あれ〟は何だったのだろう。二対九十八で発売に反対した社長の強硬な姿勢は……。

●部長は弾劾裁判の席で辞表を出した

なぜ社長は二対九十八でやめるべきだと主張したのか。

社長は何事も自分が中心でなければ気に入らない。自分が関与しないことは、たとえうまくいっても不愉快である。いやうまくいったら不愉快は倍加するのである。「部長に勝手なマネはさせない」――これが社長の本音である。

その後部長は、大型の新製品Bを研究開発した。開発会議で社長はNの時と同じように「売れない不安がある」と言い、「私が以前作ったPを手直しして新製品として出すほうが確実で安心できる、どう思う」と、みんなに聞いた。

この時部長は、自分が社長から信用されていないのではなく、社長という人は自分しか信用できない狭量《きょうりょう》な人なのだと考えを改めた。

一億円の製作費をかけた大型新製品Bは三ヵ月で二億円売れた。一年で四億円の売上げが見込めた。部長のこの成功によって、社長と部長の関係は決定的に悪化した。

社長は開発部長を営業部長に配置転換した。後任の開発部長は外部から招聘《しょうへい》した。以後何年も、これぞという新製品は開発されなかった。一方、開発から第二営業部長に変えられた部長は、営業マンを教育し、新しい営業方法を導入し部門を活性化した。

開発部は、若手の研究員がポロポロ辞めて暗くなった。第二営業部は反対に人がふえ、売上げを伸ばして光り輝いた。それは、一人の指揮者の力がどんなに重要かを証明する格好の事例であった。

社長は六十歳を過ぎており、何年も社長をやっている。社長のまわりには保身にたけたゴマスリ幹部がいた。

この中心勢力とは別に、社内に部長を核とする一大勢力が出来上がっていた。社長の不愉快は極限に達していた。幹部会議で社長は、部長の大幅値引きを追及した。「特定客に独断で大幅の値引きをしている。これは会社の信用を落とす背信行為だ」と言った。関係者の証言を書き連ねたコピーを渡して部長を責めた。部長にこれを認めさせて降格減俸の処罰をして、その鼻をへし折るつもりだった。

部長は胸に用意していた辞表をその場で提出した。社長の顔が青ざめた。辞めさせるつもりはなかった。他の幹部同様に従順にさせたかっただけなのだ。杭の出過ぎた部分を叩《たた》いて引っ込めさせたかっただけである。

三ヵ月後、部長は会社を辞め、さらに半年後に同じ業種の会社を作って旗上げした。前の会社の元部下たちが十人馳《は》せ参じた。

社長は怒り狂い全国の客に、「この者たちは会社を裏切り、会社の機密を盗み出した卑劣な者だから付き合わないでいただきたい」という手紙を出した。

あれから十五年、この部長の会社は順調に成長、社会的信用も高まってきている……。

●老化した社長が群盗乱立をつくる

ある時、顧客がこの独立して成功した社長に言った。

「前から、あなたはいつかあの社長と袂《たもと》を分かつと思っていましたよ。両雄並び立たずと言うでしょう」

　中国史の解説にこういう文があった。

「政権が末期になると、群盗乱立の形勢があらわれ、しだいに群雄割拠の状態に移行していく。皇帝は群盗乱立の気配を感じると生殺与奪の権限を濫用しはじめる。この恐怖政治によって、内部に仕える人は身の安全をはかることに汲々《きゅう》とするようになる。一部実力のある人は心に不満を溜めて反抗の機をうかがうようになる」

　会社でも同様のことが言える。人がふえ、商品がふえ、部門がふえ、会社が中堅クラスになると社長の目が隅々まで届かなくなる。と同時に長期政権で精力をあらかた使い、社長の老化が目立つようになる。

　社員が社長の意思に反する勝手な行動をする。それを知っても、社長は若い頃のようにじっくり指導する気力がない。そこで罰を与えるという手っ取り早い手段に頼る。減俸、降格、出勤停止、左遷、解雇などを乱発する。

　力のない幹部は、社長のご機嫌うかがいに徹するようになる。力のある人は社長の目を盗み、社長に隠して仕事を進めるようになる。社長はこの有能な幹部の動きを警戒し、処罰の時を待つようになる。

　有能な幹部は働きを認められることなく、社長から疎《うと》まれ処罰されて辞めていく。あるいは会社に見切りをつけて去っていく。その時、この人物は会社から知識や客などさまざまなものを盗んでいく。たちの悪い人は、会社を辞めずに社長に面従腹背《めんじゅうふくはい》しながら、会社を食いものにし続ける。まさに群盗である。この群盗乱立により会社の衰弱は早まる。

社長は一層躍起になって血刀を振るう。もう目が見えないのだ。会社の内部が蝕《むしば》まれ、空洞になっている事実が見えない。自分が人材を盗人に変えてしまっている事実が見えない。

部長は自分の力を認めて十分に使ってくれない社長に愛想をつかした。社外の客から見ても会社の柱である人材を、社長はなぜ目の仇《かたき》にしたのか。自分の後継者、あるいは副社長、専務、もしくは別会社の社長に据えるなどすれば、部長は人材として生き続けたに違いないのに……。

部下の才能に嫉妬《しっと》して手柄を立てさせまいと謀《はか》るなどは、社員二百人の会社の経営者のすることではない。

●能力と自信があるなら独立せよ

さて、かの部長であるが、実はこの部長は落第幹部であった。

社長が作った新製品の欠点を笑った。社長の方針ややり方に反対し、決定した後も非協力的だった。自分が関与しない新しい方針は、「どうせうまくいくわけがない」と冷ややかに眺めていた。自分の部門はよくまとめたが、他部門は敵視した。社長への報告は最小限、失敗を隠し、社長にわからないように独自のやり方を採用した。それがバレて糾弾《きゅうだん》されると「しつこくていやになる」と部下にぼやいた。年長の専務や常務に礼を欠く言動をとった。部長は組織人として、幹部として、いささか問題の多い人であった。社長がこの部長に神経を苛立《いらだ》たせたのは当然のことだったのである。

ところでこの落第幹部が、独立してうまくやっている。現在、前の会社をしのぐ勢いで評判になっている。会社の幹部として落第の人が社長になって成功できるのか。

独立して成功する人は、落第幹部のなかにいると私は思う。

組織の枠《わく》にはまり切れない人、上の言うとおりするのでは気に入らず、自分で考え自分で決めて行動する人、上の承認を得ずに独走してしまう人、上司と会社を批判的な目で見、実際口に出して批判する人、自分に甘く他人に厳しい人、時間や規則にルーズで口のきき方が乱暴で、礼儀やマナーができていない……こんなだめ社員のなかに、独立して事業を興《おこ》してひとかどの社長になる人が少なくない。

見方を変えると、こうした人は自立心の強い人であり、自由な発想ができる個性を持つ人であり、アイデアと創造力に富む人である。イエスマンやサラリーマン意識の人とは正反対の人である。つまり、どの会社でも今、切に求めている〝人材〟そのものである。問題は社長の器量である。社長が〝人物をはかる〟ゆったりした長い物差しを持っているかどうかである。

人の器量は、年齢経験で大きくなるものではない。精神の若さが、器量を決める。社長が若くて伸び盛りの会社では、物差しが長い。はみ出しも突出も大概ＯＫだ。反対にこの部長が勤めていた会社のように、社長が老化して柔軟性を失うと従順なイエスマンのみが合格、それ以外は落第というように物差しは極めて短くなる。

落第幹部のなかに、社長が上手に手を加えればピカピカの人材になる人がいる。たとえば社長が、この部長の礼儀知らずや粗野な言動を教育して矯正《きようせい》し、能力を認め、実績にふさわしい地位と報酬を与えれば、部長は縦横に活躍しただろう。そうすれば、会社が今のように衰えて惨《みじ》めな姿をさらすことはなかったろう。

人材を失うのは会社の損失。トップは人材を殺さず、人材を生かす大きい物差しを持つ人でなければならない。

18章——社長にしてはならない人

●戦わない人に経営を預けることは、会社の死を意味する

一人の研修生が「なぜ戦場という言葉を使うんですか」と質問した。質問というより詰問のような非難の調子がこもっていた。講師は質問の意図がわからなかった。

研修の暗誦課題「リーダーシップ三誓」のなかに「毎朝、目は輝いているか、びんびん響く声が出るか、いい笑顔ができるか、三点を確認して戦場へ向かいます」という一文がある。会社や職場でいいのに、なぜことさらに戦場と言うのかということである。

講師は「何か問題がありますか」と質問を投げ返した。「戦争を思わせるこんな過激な言葉は使わないほうがいいんじゃないでしょうか。教材なんですから」と研修生は言う。「会社は遊びに行くところではない、仕事をしに行くところである。仕事は戦いである。経済戦争、ビジネス戦争と言うでしょう。厳しい戦いの場だから戦場です。会社は戦場、

あなたは戦士」と講師は説明した。研修生は小さくうなずいたが、顔には不満の表情が色濃く残っていた。

この研修生だけではない。今の日本人の大半が戦争という言葉そのものに拒絶反応を示す〝戦争過敏症〟になっている。

だが、現実の人の世で戦いは避けられない。戦わなければ負けるのだ。たとえばアメリカの司法省などは、日本企業のダンピングや製品の欠陥を種につぎつぎと訴訟を起こしている。これに対する日本企業の対応は、共通して〝不戦敗〟である。本社は現地に「和解せよ」と指示する。そして大金を黙って払う。この弱腰を見たアメリカは「ここに宝の山あり」と同様の訴訟をつぎつぎに起こしている。その示談金が払えなくて、潰《つぶ》れる会社も出てきているようである。

戦って負けることもあるが、戦わなければ必ず負ける。戦争と経済戦争を一緒にするなという意見もあろうが、戦争を拒絶する人は経済戦争も拒絶する。戦争過敏症の幻想平和主義者に経営を任せておくことは、会社の死を意味する。

●後継者の育成に失敗した会長の余生

この研修生が三十八歳で社長の座についた。前社長は六十五歳で会長に退《しりぞ》き、同族間の約束に従って兄の息子であるこの青年を社長にした。会社は独自の技術を持ち、一流企業を顧客に持つ優良企業である。二代目の前社長が父親から受け継いだ小さい会社を、ここまでに伸ばした。

新社長は就任後すぐに「戦場なんていう言葉を使う研修は時代に合わない」と言って、管理者の研修参加を中止した。

社長は業界の仲間の視線をまず気にし、どう見られているかが気になった。「さすが」と言われたかった。そのため会社の現実と現場にそぐわない〝格好いい〟方針を出した。朝礼や会議、ミーティングは一切やめて社員の自主性に任せた。四十代、五十代の部・課長三人を脇に追いやり、外から連れてきた人物を責任者にした。現実離れした空想的ビジョンと数字の羅列からなる経営計画を発表した。

一年ほどたつと、社長は朝早く出社しなくなった。夜の付き合いが多いせいだろう、昼頃出社することもある。会社に出てこないこともある。事務所へ黙って入ってくる。社員が挨拶しても、小さくうなずくだけで声に出して挨拶を返すことはない。自分は社長だから、会社では自分のほうから挨拶する必要はない、と思っているらしい。

顔の表情は明るいとはいえない。暗くはないが動きのない固い表情である。社員の話に笑うこともあるが、しかめっ面でとっつきにくい時のほうが多い。だから社員は失敗などの悪い報告はしないで、社長から目をそらしている。

社長は現場経験が長いので、「現場のことはよくわかっている」ということでトップになってからはあまり第一線と接しなくなった。現場の人と接する時間、話す時間がほとんどない。営業やサービス関係の社員は目の届くところにいて、声をかければいくらでも意思疎通がはかれるが、それさえしない。

社長は中より外が好きなのだ。各種の会合には積極的に参加している。名刺に「感謝」という字を大きく刷り込んでいる。また似たことだが、社長室には「ありがとう」や、「生かされている」「人間だもの」などといった平仮名の詩や名言がいくつも飾ってある。

会長は事あるごとに社長に意見を言った。「社員一人ひとりをもっとよく見て会話をすべし」「朝礼は大事だ」「毎日、朝一番に出社すべし」「外の評判より社内を固めることに力を入れるべし」「社長自身、得意先回りをすべし」

週一回、社長と会長の打ち合せが持たれたが、打ち合せの半分は社長に対する会長の苦言だった。それに対して社長は時に雄弁に反論し、時にふくれて黙り込み、会長の言うことを聞かなかった。会長が強く迫ると社長は「私が社長だ」と言わんばかりの顔で拒絶した。社内の雰囲気が悪くなり、売上げが低下した。会長は、さらに強く苦言を呈した。すると社長は病気になり、寝込んでしまった。

会長は友人に「社長は、経営をきれいごとでできると思っている。それを直そうと思うんですが難しい。業績が悪くなると病気になってしまうので、私もあまり言わないようにした。私とは二十歳離れているからか、意識はまったく違っていてお互いに理解しあえないほど離れている。どうしたらいいかわからない……」と泣きごとを言った。

四年ぶりに会長に会った。悩んでやつれていると思ったが、六十八歳の会長は若々しかった。外部の人が頼りにして訪ねてくれること、人と人を引き合わせると不思議に新しい商品が生まれ、新しい販路が生まれること、農産物を原料とした無公害の革命的素材を開発し、用途を広げつつあることなどを、あくことなく語った。

「社長はどうですか」と聞くと、とたんに歯切れが悪くなった。帰り際に「今は会長が健在ですからいいですが、社長が一人になったら会社がおかしくなるということも考えられますよ」と言うと、会長は「もうおかしくなっている。忠告、ありがとう」と真顔で答えた。

会長は社長に何度も意見をして、そのつどはね返されて指導を諦《あきら》めたのだ。そして自分の得意の分野に逃げこんで〝余生〟を送っている。会長は社長の育成という唯一最大の任務を放棄したのである。

●こんな人を社長にしてはならない

安易なバトンタッチが、優良企業を数年で暗雲漂う会社にしてしまった。社長がよくないが、会長の責任も重い。たとえ兄貴の息子でも、この男を社長にしてはならなかった。後継者の資格があっても、社長にしてはならない人がいる。それはこういう人である。

①人を尊敬できない人

「あなたが尊敬する人は」と聞いても一人も名前が出てこない。「尊敬リスト五百人」という研修課題がある。一日一人尊敬する人の名とその理由を書く。一年半で五百人。ある社長の息子は一人も書けなかった。他の研修生がもう百人書いているのにノートは白紙のまま。ついに研修をリタイアした。この人は、世のなかで自分が一番偉いと思っている。人の欠点を見つけて批判するのは得意だ。「できない」理由探しはうまい。他から学ぶ姿勢がない。行動は自己中心で、社長にすると他の意見に耳を貸さず、独りよがりの経営をして会社をおかしくする。

②祖先や親を否定する人

①と共通するところも多いが、このほうがより質が悪い。親の欠点をあげて悪く言う。時には露骨に口汚い言葉で親を攻撃する。過去の日本人すべてを悪者だと思っている。誰

にも感謝しない。自分一人で育ってきた気でいる。態度は横柄《おうへい》で、精神は利己的で礼儀知らず。こうした人が社長になれば、それまで忠実だった社員さえ会社から逃げていく。

③戦意のない人

困難な問題から逃げる。争いを避ける。攻撃されたら戦わずに降参。事を荒立てるのが嫌いで、すぐ謝ってしまう。それゆえ勝つ喜びも敗北の悲惨も知らない。この人は、人間の歴史が戦争の歴史であることに目を向けない。向上心や競争心の源《みなもと》である人間の闘争本能を、すべて〝悪〟として否定する。例にあげた社長がこれにあたる。会長が健全なうちは問題は顕在化しない。会長がいなくなる。重要得意先が、さらなる値下げを要求してくる。他社の同質類似品が顧客を奪っていく。その現実を目の前にして、なお戦いの腰を上げない。黙って待っていれば誰かが問題を解決してくれると思っている。いや、そんなことを思ってはいない。ただただ戦って傷つくのがいやなのだ。〝戦う〟という行動様式が心にインプットされていないのだ。

④足元に目がいかない人

苦労知らずのインテリ青年は、あたかも理論と数字のみで経営を行おうとしているように見える。パソコンの中に会社がすっぽり入っているかのように……。この手の人は現場が嫌い。末端の従業員は程度が低くて話が合わない。社員の採用面接は人任せ。滅多に社員と口をきかない。社員は一様に、あの社長は冷たい人だと思っている。自分たちとは関係ない人だと思っている。仕事に身を入れる気になれない。どこかいい転職先はないか考えている……。どんなにきれいな家も、土台がしっかりしていなければ脆《もろ》いものだ。

⑤平等意識が強い人

平等意識が強い人が社長になると規律を軽んじ、上下のけじめを疎《おろそ》かにし、仕事ができる社員とできない社員を平等に扱い、わがまま勝手を言う烏合《うごう》の衆の集団に会社を変えてしまう。社長自身がだんだん会社がいやになる。ついには会社を単に生活のためのお金を稼ぎ出す必要悪の存在と見なすようになる。無責任な人が集まる。誇りも光もない会社。経営者としての意識を持たない人がトップに座ると、どんな会社もこうなる。

ある会社はだめ社長に業《ごう》を煮やして、実力会長が「社長五年交代制」を制度化してしまった。この会社は今も順調に成長している。部・課長クラスの責任感が強くなり、活躍するようになったのである。社長がだめでも五年の役割と割り切れるようになった。優秀な社長は任期が短いので、自分がしたいことを大胆に実行して成果を上げた。

第五部——意思統一の原理・原則

19章――〝意思統一〟が組織強化の大前提

●家族経営の強みは〝意思統一〟にある

三人、五人の小規模零細企業は、家族と親戚だけでやっているところが多い。日本の全企業二百六十万社の半数以上が、この家族経営の形態だと思う。他人を使う力がないから身内でやっているわけだが、家族経営にはそれなりの強みがある。

まず、意思統一ができている点だ。血がつながっている。気心が知れている。考え方や行動の仕方に共通点が多い。社長が、自分の考えを一から詳しく話して聞かせなくても、一言でわかってくれる。

この不況時に家族経営の会社は、よく踏ん張りながら健闘している。業績が悪くなればボーナスなし、給料減額でみんな我慢する。仕事がなくなれば、会社ごと違う仕事に看板を掛け替えることもする。

こうして生き延びることができるのは、単に血のつながりのためだけではない。兄弟は他人の始まりというが、他人より仲が悪い兄弟は少なくない。結束を強めているのは、血縁以上に「運命を共にする生活」が、大きな働きをしている。一緒に生活し、長年一緒に仕事をしてきた間に、みな同じ考え方、行動の仕方をするようになった。それが小集団の強い結束をつくり出している。

ある家族経営の会社が、商売が当たってたちまち五十人の規模になった。もはや家族集団ではない。いろいろな人がいる。社長の話をまじめに聞かない人、聞いている顔をして行動に移さない人、自己流でやる人、見ていないと手抜きする人、「納得できない」と反発する人。社長は、みんなに自分のやり方、考え方を浸透させなくてはいけないと思う。だが、いちいち言わなくても、みんながわかってくれる家族経営の経験が長い。無口寡黙《かもく》が習慣になっている。説明や説得は苦手である。

こうした会社は成長が止まり、ちょっと風が吹くと晩秋の樹木のごとくパラパラと葉が落ちてしまう。残るのは裸の木。以前の家族経営のメンバーのみ。社長は「やはり頼りになるのは身内だけだ」と、しみじみ思う。しかし、みんな年をとって往年の活力をなくしている。維持するだけでやっと。ほそぼそと商売を続ける。

以上の話は、つぎの二つのことを言いたいためである。一つは、集団の意思統一の威力。

何といっても一枚岩は強い。二つめは組織の統制の難しさ。集団が一つの意思にまとまるには、トップが自分の考えを浸透させる努力をしなければならないが、なかなかうまくいかない。意思統一こそ急ぐべき重要課題とわかっているのだが……。

●自由と個性を尊重した改革の結果は

日本は自由の国だ。言論の自由、思想の自由、宗教の自由、職業選択の自由などが憲法で保障されている。何を言おうと、何をしようと法に触れない限り、人に迷惑をかけない限り自由である。街を歩けば人々が自由を謳歌していることがよくわかる。服装、髪型は色とりどり、耳や顎《あご》に穴をあけて飾りをつけている人もいる。地べたに座り込もうと、電車の中で抱き合ってべたべたしようと、いい大人がマンガ雑誌を読みふけろうと自由。それぞれが思い思いに自己を主張している。

街中に、国中に、個性人間があふれかえっている。現在の日本は、自分の個性を発揮して創造的な仕事をする人の大集団である（文意をまともにとらないでいただきたい。私は皮肉で言っている）。

役職名で呼ぶのをやめて全員「さん」づけで呼ぶ、朝のラジオ体操の廃止、服装の自由化の〝改革〟を実施した会社の後日談。

一年後、私はその会社の社員に「どうですか」と聞いた。社員は「あれは何だったんですかね。業績は相変わらずよくないし……。むしろ前よりもだらけてますね。早く出社していた人がギリギリに来るようになったり、挨拶をきちんとする人がいなくなったし、上司の指示を受ける時の態度や言葉遣いが悪くなった。全体にケジメがなくなってだらしないように私は思うんですが。もともとあの改革は、一部若手社員の要望を聞いて会社がやったんですよ。

ほら、自由教育ってあったでしょ。先生が生徒を管理しないで自由にさせた。そうしたら学力が低下し進学できない子ばかりになっちゃった。うちの会社もあのように崩壊しなけりゃいいですがね」

●上司の指導力欠如と意思統一軽視が原因

社長が、会社全体の意思統一を実現するうえで、避けて通れないのがこの自由と個性の問題である。この問題に常識的な考え方で対応すると、例の大企業のような改革の道をとらざるを得なくなる。この大企業は「自由にのびのび」という意思統一をはかったのだ。この改革案を知ったとき、「なんと無茶なことをする会社だ」と思った。その理由を以下に述べる。

組織には目標（トップの意思や経営方針）があり、役割があり、ルールがある。組織に属する人は、ルールに従い、与えられた自分の役割を果たす努力をする。それによって目標達成に貢献する。どんな組織も、骨組はこうしてできている。

「こんなの古い」といって新しい組織論を説く人がいる。それが一種の流行現象になっている。私はこの〝流行〟を苦々しく思っている。

情報化、情報化と言う人のなかに「ピラミッド型の組織はもう古い」「上意下達の命令によって人を動かす時代ではない」と言う人がいる。「ではどうすれば」と聞くと、「型にはまらず」「柔軟に」「一人ひとりが考えて能力を発揮する環境を」といった具体性のない答しか返ってこない。

バブルの頃、〝個の尊重〟が流行した。当時、経営やビジネス関連の雑誌は、どこを開けても〝個の尊重〟という言葉が躍っていた。個人と個性を尊重せよ。若い人は無限の可能性を持っている。自由にのびのびやってもらおう。意見や希望を汲《く》み上げよう。ボトムアップだ。若い人が主役だ。

この流行に乗り、会社は新入社員に随分と金を使った。金を使っただけでなく、社員を鍛えるべき時に甘やかした。そのため現在、おしなべて社歴十年から十五年のベテラン社員が総体的に弱いという顕著な傾向が出ている。管理者に登用しても責任が果たせない。

部門を統率できないし部下を指導・育成することができない。多くの会社が、〝流行〟に乗って踊ったツケで、今、頭をかかえている。

この流行と同質の流行の波がまた来ている。今回のキーワードは、IT革命すなわち〝情報化社会〟である。情報化社会では、組織はネットワーク型やプロジェクト型が主流になる。こうした組織では、社員の思考力が重視される。社員一人ひとりが、独立経営者としての能力を求められる。従来のピラミッド型組織は、人を部品材料として扱った。そのため人は上からの命令に忠実に従うことはできても自分で考えることができず、また持てる能力を十分発揮しなかった。新しい型の組織に対応するためには、こうした旧弊を打ち破らなければならない。流行の旗手たちは、こう主張して企業経営者を啓蒙している。

バスに乗り遅れまいと勉強するのはいいが、安易に流行を追わないほうがいいのではないか。プロジェクト型はピラミッド組織の一部分である。有機的なネットワーク型は、剛構造のピラミッドと比べてたしかに優れた点があるが、会社のような戦闘集団には不適合の組織形態である。文鎮型は極めて低いピラミッド型と見なすことができる。つまり、いかにコンピュータ依存型社会になろうとも会社という組織の本質は変わらない。

会社組織の本質は命令報告による上意下達、役割分担、そして組織維持のためにメンバーを制約する規則が不可欠だ。流行の旗手たちは、この本質を否定しようとしているが、これを否定して成り立っている会社は一社もない。将来もないと私は断言できる。「命令によって動く人は、自分で考えないし能力を発揮しない」という見方は非現実的である。どこの会社でも「アイデアを出せ」「創意工夫せよ」「考えよ」と社員を督励《とくれい》している。社員はピラミッド組織のなかで部品として、人材として、与えられた自己の役割を果たすために考え、能力を発揮してきた。これによって世界に知られる優秀な企業や独自の強みを持つ中小企業が多数輩出したのではないか。何も考えず、ぼんやり上司の命令を待っているのは、出来の悪い新入社員くらいで、この人を標的に、これを論ずるのは非現実的ではないか。たしかに、思考力など社員の仕事能力が全般に低下してきている。しかし、これは組織形態の問題ではない。〝教育〟の問題である。

組織は人を拘束する。人は目標に拘束され、役割に拘束され、ルールに拘束される。それは個人的な自由や個性に優先する。組織に所属する以上は、組織人としての思考と行動を優先させなければならない。そして、一つの意思のもとに結束しなければならない。この原則がきちんと行われている組織は強い。組織の劣化、硬直化は、この原則が行われなくなった時に起きる。

若い社員の能力発揮が阻《はば》まれているのは、上司や幹部が、自分の役割を果たしていないことが原因である。つまり指導者層の指導力・育成力の欠如、これを問題にしなければならない。

●小さいことから統一せよ

もう一つの原因は、意思統一の軽視だ。結束や団結を軽視して自由や個性を尊重していると組織は機能しなくなる。かの大企業は、若い社員の活躍を願ってまったく反対の策を講じたのである。組織を強くするために意思統一を行う。組織を弱くする意思統一をしてはならない。

組織の長であるトップが意思統一を行う。価値観や思想など大きいものを変えるのは難しい。小さいことから取り組む。電話の出方なども「○○社の××です」と決めたら全員にこう言わせ、社長も実行する。こうした小さいこと一つ統一できないで、価値観や思想が統一できるわけがない。

私は「ありがとうございますの会」の会長をしている。落語の故桂枝雀《かつらしじゃく》師匠は「『ありがとうございました』は日本語として間違いだ」と言いながらあの世へ逝ってしまった。勝手に私が後を継いだ。私の感性は「ありがとうございました」が許せない。

日本語学校で日本語を学ぶ外国人に「ありがとうございました」を説明しても首を振って理解しない。「ございます」は英語の Thank you,sir. の sir にあたる。sir に過去形はない。感謝するのは過去のことに決まっている。それを今、目の前にいる人に伝えるのだから「ありがとうございます、だ」と言って譲らない。

柳田國男は著書『毎日の言葉』（昭和二十一年刊）で「奥さん方は『ありがとうございました』と言っているが、私（たち男性）は『ありがとう存じます』と言っている」と書いている。この本によれば「ありがとうございます」も新しい言葉である。「ありがとうございます」を「ありがとう存じます」に戻すのは難しい。そこで私は「ございます」を認め、「ございました」は許さない立場をとるのである。

文法上の解釈はともかく、問題は受ける側の気持である。「ございました」は「はい、さようなら、つぎの方どうぞ」と関係を断ち切られている気がする。感謝の気持が伝わってこない。つぎつぎに人を出口に送り出すための〝処理用語〟である。接客業、サービス業で客に対して使うべき言葉ではない。

ある社長は「あなたは『ありがとうございました』がいけないというが、これは納得できない。現に通用しているんだし、どっちを使うかは人の好き好きでしょう。こんなことは強制すべきことではない。あなたはおかしい」と、真顔で文句を言っていた。たしかにそのとおりかもしれない。しかし、「どっちでもいい」は意思統一に反する。どっちでもいいことを「我が社はこっちにする」と決めて行わせるのが意思統一ではないか。「仕事と直接関係ない」「個人の好き好き」と言って、この小さい問題を鼻で笑う人は組織を強くすることができない。

焼きたてパンで有名なP社の三藤達男社長にこの話をすると、「たしかに、ございましたは口先で事務的にさよならと言っている感じがする。ございますのほうが感じがいい」とさっそく全店に通達した。入店唱和が「ありがとうございます」に変わった。もともとP社のパンは「うまい」と評判だが、そのうえ「サービスがいい」「感じがいい」という評判が立ち、どの店も活況を呈している。

人工芝などのメーカー、N社は意思統一のモデル企業として有名である。海軍出身の創設者は〝海軍式〟組織をつくり、社員を海軍軍人、水兵に仕立て上げた。それが社長が代わった現在も踏襲されている。新卒者の会社説明会。優良企業で待遇がいいので毎年何百人もの応募者がある。しかし、「当社の社員はこのように考え、このように行動する」という説明を聞くと大半の学生が帰ってしまい、入社希望者は十人に満たなくなる。ただ、この十人は間違いなく会社の戦力になるという。

会社の意思に同調しない人はいらない。意思統一が徹底すると会社が求める人が入ってくる。意思統一は説明・説得によって行うのではない。会社の方針として、ルールとして強制して行うものである。

20章——魅力あるビジョンを掲げよ

●意思統一された会社は強い

起業家精神の原点は「金を儲《もう》けたい」という欲望である。独立して事業を行う人で、この欲望が弱くて成功する人は稀《まれ》である。大抵失敗する。二十代、三十代で事業を興して成功する人は、みなこの欲が強い。貧乏から脱したい、金持ちになりたい。贅沢《ぜいたく》をしたい、一旗揚げたい——。

この人は稼ぐことに専心する。寝る時間を惜しんで働く。休みをとらずに働く。強引な営業もする。苦労が実って会社になる。人を入れる。

この会社には金がほしい人が集まる。金に対する欲望が小さい人は、すぐ辞めていく。なにしろ仕事がきつい。人使いが荒い。その代わり成績を上げれば二十歳の社員でも百万、二百万円の月収が得られる。

この会社の体質は強い。社長が金儲けに対する欲望が強く、社員もお金第一である。儲けるため、自分の収入をより多くするため、全精力を仕事に傾注《けいちゅう》する。もちろん社内の雰囲気はよくない。人の出入りが激しい。一匹狼の群れ。空気は冷たく殺伐《さつばつ》としている。しかし、この会社が強い会社であることは間違いない。

意思統一の要《かなめ》は価値観の統一である。会社が一つの価値の基軸を持ち、社員がその基軸に従うなら、価値観の統一がなる。この会社の価値の基軸は金である。それはそれで価値観の統一ができている。

社長の起業家精神（金儲け欲）が、強ければ強いほど会社は発展する。現実に創業五年で百人、二百人の規模に拡大している会社はたくさんある。こうした会社のなかで、百社に一社がそのまま順調に発展して、創業わずか十余年で上場企業までなる。では、残り九十九社は？　足踏みしているか衰亡している。いいところまでいったが、後は下り坂を転げ落ちるばかりという会社が多い。

なぜか。ある程度財産ができ、上級の贅沢《ぜいたく》を味わい続けると、社長の金儲けの欲望が凋《しぼ》む。目的を遂げたのだから当然である。立派なビルのオフィス、きれいな会社案内。経営理念を掲げ、社是社訓を定める。気に入った言葉を額に入れて飾る。さまざまな人が頭を下げて〝関係〟を求めてくる。周囲にちやほやされて外部の活動に時間と労力を費やす。

社業に身が入らなくなる。遊びに走る。会社が節目を越える大事な時を迎えているのに、社長が戦線を離脱してしまう。これが下り坂を転げ落ちる原因である。

●〝金のため〟だけでは仕事は続かない

ハードな仕事で有名なある運送会社は、一ヵ月で社員の六割が辞めるという。精神的につらくて辞めるのではなく、足腰が立たなくなり、朝起きられなくなり、体をこわして辞めるケースが多いという。

では、この会社の仕事は体力の限界を超えているのだろうか。応募者は高い給料にひかれて入社する。少しくらいきついのは覚悟している。だが、コンクリートの階段を運動靴で駆け上がる仕事はきつく、足が動かなくなる。やる気はあるが、体が動かなくなるのだから〝かわいそうだ〟とこの会社の幹部は言う。

しかし本当にそうだろうか。〝金になるから〟というためにのみ、仕事をこなそうとする姿勢に無理があるのではないか。

人の心は、〝金のためならどんなつらい仕事でも〟に耐え続けることが<u>できない</u>ようにできている。厳しい仕事で優れた成果を上げ、脱落者を尻目に長くその仕事を続ける人は、金になるからではなく（はじめはそうだとしても）、その仕事に喜びを見出しているから続いているのである。

仕事が大変であればあるほど、その〝達成〟は深い満足感を与える。熾烈《しれつ》な競争に〝勝つ〟誇りもある。

また、無我夢中でやってきた仕事の経過のなかに、ふと、この仕事でなくては味わえない楽しみ、おもしろみに出合い、疲れがなくなってしまうこともある。

達成感、勝つ誇り、楽しみ、おもしろみ、これらがあるから仕事が少しもつらくないのである。それと、自分を認めてくれる人が上にいること、わかりあえる仲間がいること、職場規律がよく行われ、組織がしっかりしていることなどが、つらい気持を薄めてしまう。

厳しい仕事から逃げる、あるいはすぐ脱落するのは、その人の〝心〟のあり方に問題がある。運送会社の幹部は、社員がもたないのは「体力の限界を超えているからだ」と言ったが、それは違う。〝金のため〟という動機だけで働くから、まず心が病み、それが体を動かなくしてしまうのである。会社は社員に、お金以外の〝動機〟を与える責任がある。

●価値の基軸を失った組織は滅びる

現在、日本では浅ましい事件、嘆かわしい事件が頻発している。人々の精神の荒廃、社会の堕落も指摘されている。

国家同様、会社も価値の基軸を失えば衰退する。金儲けという目的を遂げて、これを価値の基軸から外した場合は、空白の時間を作ってはならない。つぎなる基軸を打ち立てなければならない。

組織の長としてのつぎなる欲求とは、どのようなものか。一般的にはつぎの三つが考えられる。

①会社の永続と安定。そのため三年、五年の長期経営計画を立てる。人事や給与の制度を充実させる。人材を育成する。

②業界ナンバーワンあるいは上場企業をめざす。そのため商品開発、技術力向上に力を入れる。販売戦略を練り、財務内容をよくする。

③社会的地位の向上。そのため社会（客）に支持されるいいものをつくる。顧客第一主義、客が喜ぶサービスをする。自社がどのように社会に貢献しているかPRする。

以上三つにまとめることができるが、これらを一言でいうと「今よりもっといい会社にしたい」である。

社長や上司は、自分が何を望んでいるのか自分にじっくり聞いて、新しい価値の基軸を明快な言葉で表現する。これが責任ある立場の人が成すべき最優先事項である。これを社内に浸透させ、社員の価値観を変え、新しい目標に向かって意思統一をはかるのである。

●社員を社長の価値観に同調させるのは難しい

中堅食品加工会社の二代目社長が、「社員は私の言っていることがわからない。だから私は厳しくならざるを得ない」と言っていた。

先代の時から勤めている五十歳の職人をクビにした。取締役を降格して給料を半分に減らした。近々あそこにいる男もクビを切る予定だ。社長は堂々と胸を張った。それから少し目を伏せて「会社の方針ははっきりしているのに、どうして社員はやる気で仕事に取り組まないいんでしょうかね」と私に聞いた。

私は「会社の方針は社長の方針でしょ。それが達成されて満足するのは社長だけなんじゃないですか。社員の喜ぶことがその方針のなかに何か入っていますか」と答えた。「いや、会社がよくなれば社員だってよくなります。そんなこと当たり前でしょう」と社長。

私は「長年勤めてきた人のクビを切ったり、社長が言ったとおりにしなかったということで給料を半分にされたりするのを見ていたら、社長が自分たちのためによくしてくれると信じられるでしょうか」と強い調子で言った。社長は不満げな顔で席を立った。

社長は商品Aでシェア日本一をめざしている。そのため新鋭機を入れて能率を上げ、販路拡張のため営業力を増強している。だが一方、高額機械の購入や営業増員の経費増のため、社員の賞与・給与を減らし、それでも足りないので古い人を切ったり、大幅減給をしている。社員はこの現実を見て社長を怖がり、尻込みしている。社長についていく気をなくし、仕事への意欲を減退させている。

私はこの二代目社長は、パワーのある優秀な経営者だと思う。商品一点の日本一をめざすのはいいし、そのための行動力もある。会社の弱点を大胆に切り捨てるのも賛成である。この社長がいけないのは、自分が示す価値の基軸と社員の価値観がかけ離れているのを、そのまま放置している点だ。社員が社長の言うことを理解しなかったり、意欲をなくして怠けたり失敗したりする原因が、〝意思統一の不足〟にあることに気づいていない。

●社員にバラ色の夢を与えよ

会社というところは、社長の価値の基軸に縁も恩もない他人が集まってきている。共鳴せよ、同調せよと言うほうが無理なのだ。

社員から社長へ掛けるはしごがいる。そのはしごを社長が用意しなければ意思統一はできない。そのはしごを〝ビジョン〟(理想、夢)という。

ビジョンと言うと「五年後に売上げ百億円達成、利益五億円、拠点は今の三倍の十五ヵ所にふやす。社員数は二百人。商品Aのシェア三〇%を達成して、業界ナンバーワンの地歩を固める」と、目標や計画を語る人がいる。が、これはビジョンではない。ビジョンは、堅苦しい無味乾燥なものではない。ビジョンは〝バラ色の夢〟であり、あまり根拠のない夢想であっていいのであり、むしろ〝大ボラ〟に近いものである。「いいですね、うらやましい」と人がよだれを流しそうな、魅力たっぷりの理想図がビジョンである。

社員の人生のビジョンは何か。豊かな生活、家族の幸福、能力発揮、地位向上、社会的名誉、趣味と遊びのためのゆとりのある時間……などであろう。独立して会社をつくって、自分の思いどおりの経営をしたいといった夢もあるかもしれない。

社長はこれを踏まえて〝会社のビジョン〟をつくる。それは「会社をこうしたい」という社長の自己実現の欲求だけを満たすものであってはならない。「うちの会社はこんなによくなるぞ。そうすれば君の夢がかなうぞ。希望が実現するぞ」と、社員の夢の実現を内包する内容でなければならない。

夢は写実画のようにありありと具体的に細部まで描く。単に裕福な生活だけでは夢がない。広い庭のついた家を描き、品のいい調度品が置かれた室内を描き、貯金の額など財産まではっきりと描く。こうした社員の夢を何枚も絵に描く。絵に描くように文章でくっきりと書く。この会社にいれば自分の夢がかなえられるかもしれない、そう思うくらいリアルに魅力的に描写するのである。

それを社員に発表する。歓迎しない社員がいるはずがない。その後、このバラ色の夢を実現するための会社の目標、方針、計画を伝える。なぜ長年勤めている職人をクビにするのか。――自分中心で上司の指示に従わない。自分が気に入らない仕事はしない。若い部下に仕事を教えない。五時になるとやりっ放し、出しっ放しでさっさと帰ってしまう。社長は何度も注意したが、「私は仕事をちゃんとしている」と言って改めない。周囲は、このベテランに気兼ねして黙っている。だからクビにした。一般社員は当然だと思う。社長の決断に賛同する。取締役降格の件も同様である。社員は抵抗なくはしごを登ってくるはずである。社長の厳しい姿勢を支持し勇み立つはずである。

食品加工会社の社長は、自分の夢と社員の夢の距離を縮めなければならない。魅力あるビジョンづくりを急がなければならない。

21章——利益中心のものの見方、考え方

●専務は社長のやり方についていけない

専務は「やはり市役所に勤めていたほうがよかった」と思うようになった。

もともと父親の後を継ぐ気がなかったので公務員になった。

父親は会社を大きくし、地元では知らない人がいない規模に成長させた。「後を継がないか」と言われ、色気を感じた。本社ビルの社長室で仕事をするのは悪い気はしなかった。

三十歳で入社、一年間営業の第一線で仕事をし、営業部長になった。

ある時、営業マンがノートパソコンを壊した。修理が利かなかった。部長は「気をつけろよ」と言って、新しいのを買って貸与した。

それを知った社長が「本人に弁償させろ」と言った。部長は「過失であり」「ノートパソコンは商売道具なんだから」会社が負担していいではないか、と反論した。社長は「弁

償が常識だ」と取り合わなかった。部長は仕方なく、自分のポケットマネーを会社に支払った。会社の備品をいちいち社員に弁償させていたら社員はやる気をなくす、と部長は思った。社長のやり方に不信を抱いた。

部長が専務になってから、不信感は一層強くなった。

専務の給料は課長より低い。社長は社員の前で、「専務は入社五年で実績がまだない。地位は専務だが、待遇は係長クラスである。私が死ねば専務が社長になるが、社長として実績を上げなければ給料は社員より低くて当然」と言った。理屈はわかるが、それでなくても肩身が狭いのに、こうあからさまに言われては社員に〝シメシ〟がつかなくなる、と専務は思った。

社長は厳しかった。製造現場で仕事が遅い者を急《せ》き立て、ミスをした者をどなった。会社が小さい時からずっとこうだ。社長の姿が見えると職場の空気がピーンと張る。

社員百五十人の規模になっても、社長は町工場の親父のままである。社長らしくもう少しスマートにすべきだと専務は思う。しかし、専務は社員の行為を大きい声で注意することもできなかった。

来客が帰った後、

「私が頭を下げているのに、専務はなぜ頭を下げないんだ」と、社長が注意した。専務は、

「ギブアンドテイクなんだから、そんなにペコペコすることはないと思う」と答えた。

社長は怒った。「ばか！　客に頭を下げないで商売ができるか！」

こうした社長の直接指導や、社長の姿を見ながら学ぶことで、反省したり改めたりする点が少なくなかったが、会社と社長に対する不信感は拭《ぬぐ》い去れなかった。

たしかに、社長という仕事が大変な仕事だということもわかってきた。クレーム処理に飛んで行き、トップ営業で駆け回り、社員の採用面接を一人で行い、工場の技術者の仕事をチェックして歩く。社長室に座ってのんびりしている時間などない。社長になるというのは一番よく働く労働者になるようなもので、たいしていいことではないと思った。

専務は同業者の青年部会の幹事をしている。青年部会のメンバーの会社は規模が小さく、みな専務に一目置いている。口々に「いい会社だ」とほめそやし、「新卒の社員が五人も入社したのはすごい」と言ってくれる。このメンバーには自分の不満や悩みの相談に乗ってくれる人はいない。逆に自分が教え、励ます立場にある。

専務は青年部会の活動に力を入れた。飲んだり遊んだりの会ではなく、まじめな勉強会に会の性格を変えていった。年数回、学者やコンサルタントを呼んで経済や経営のセミナーを開いた。

社長が健在であるためもあるが、専務は会社の仕事に熱心に打ち込まなくなった。いずれ社長になるのだが、自分は、今の社長のように会社を維持・発展させることができないのではないか、という不安が心の隅に常に漂っていた。

●品行方正にして無能なる校長先生

利益、儲《もう》け、商売といった話になると顔をそむける人がいる。そんな汚いものには触れたくないといった嫌悪の表情を浮かべている。

その人は社会に出てから、ずっとこうしたことと無関係に生きてきた人である。税金から給料をもらっている公務員のなかには、この傾向を帯びる人が、よく見かけられる。とりわけ学校の先生にこの傾向が強い。

市民会館の館長は、大抵学校長の天下りだそうである。会場を貸す貸さないは、館長が決める。営利目的の団体には貸さない。たとえそれがどんなに市民のためになっても……。そのため、借りたいという依頼を断るのが、館長の重要な仕事になっている。

全国の市民会館の平均使用回数は月五回である。一回三日として十五日、月のうち半分は空き部屋である。民間の貸し会場なら倒産している。月何日空いていたってかまわない。経費はすべて市役所が払ってくれる。商売でやっているのではないのだから、収入が少なくて支出が多くてもいいではないか。館長は会館を文化と芸術の香り高い場所にしたい、と思っている。清潔で静かで品のよい使い方をしてほしい。呉服の展示即売会などはもってのほか。会費や入場料をとる催しは不適切、よそでやってもらいたい。

元校長先生の館長ならびに市民会館を管理する市役所の職員は、〝営利〟に対する強いアレルギー、いや侮蔑《ぶべつ》もしくは嫌悪感のようなものを抱いている（としか私には思えない）。市民会館の使用の判断基準は「市民のためになるかどうか」であって、「営利目的かどうか」ではない。商売であっても市民のためになる催しは五万とある。清潔で品がよくても市民と関係のない催しもたくさんある。

学校を出てから数十年間、一度も客に頭を下げたことがない人、つくったり売ったりして自分の収入を得たことがない人、こうした人が商売や経営に疎《うと》いのは当然のことだろう。もちろんこのような人は、会館が月五回しか使われず、赤字を出し続けていることにも、まったく痛痒《つうよう》を感じていない。もちろん、自分が市民の血税をむだ遣いしているという自覚もないだろう。

●優秀な指導者になるための自己改革

かの専務のように、会社経営を公務員感覚で行おうとしてもうまくいくはずはない。人は育った環境、受けた教育によって、ものの見方、考え方（意識）を確立する。

衣食住に何の不自由もなく、子供の時から大事に（甘やかされて）育てられた人が、学校の教師や新聞やテレビが吹き込む価値観を身につければ、商売を嫌悪する後継者が出来上がる。こうした人が他人の人生の幸不幸を左右する指導者にならないのなら問題は小さくてすむ。当人の人生の幸不幸だけですむ。だが、この人が人を教え導く指導者になると必ず人を不幸にする。

では、かの専務はどうすれば優れた指導者、経営者になることができるか。

第一に現在の自分を全否定する。あなたが身につけてきた価値観はお金と愛を頂点とするものだろう。その下に自由、個性、平等、友情、やさしさ、清潔、奉仕といった価値が並んでいる。新聞やテレビの影響で、月並な正義感もしっかり身についている。過去にインプットされ、血肉となっている意識、判断・行動の源《みなもと》になっているこうした価値観を一切合切捨てる。捨てて空虚になる。

第二に会社を中心とする価値観をインプットする。サービス精神、セールスマンシップ、ビジネスマンシップ、商人根性を身につけ、さらにその上に指導者精神、経営者魂を身につける。身につけるにはどうすればいいか。優れた先人の考え方、やり方を真似る。真似るしか方法はない。この価値観の歴史は浅い。江戸時代の三越の祖、三井《みつい》高利《たかとし》の顧客の尊重に徹した商売、合理性を追求する商人根性で世界的企業を作り上げた豊田式経営、松下幸之助氏の指導者精神、本田宗一郎氏の現場中心の経営者魂、これらをよく知って模倣する。父親の社長の考え方、やり方をそっくりそのまま真似る。会社を伸ばしている社長に会って話を聞き、そのやり方を真似る。利益、儲け、商売といった言葉を友とし、ここを受信・発信の中心基地にする。

第三に独立して、一から事業を行う。先代が作ったもの、残したものを継ぐのでは中身の充実した指導者にはなり難い。独立しなくてもいいが、新しくゼロから始める新部門を担当して軌道に乗るまで責任を持つ、といった体験が必要である。

商売は実学である。頭と体と生活のすべてをその中に突っ込まなければ学びとれない。大学で商学や経営学を教える教授が、実際商売をしている経営者に相手にされないのは、商売を知識レベルでしか把握していないからである。公務員だった専務が、社員百五十人の会社を経営する社長の仕事を行っていくには、以上の三段のハードルをクリアしなければならない。

22章――何によって意思統一をはかるか

●赤字経営はそんなに悪いことか

「赤字会社の社長は表通りを歩くな。裏路の隅っこをこそこそ歩け」と教えている経営者がいる。利益を出して税金を納めてこそ一人前の会社である。税金を納めない会社の社長は税金でつくった公共の道を歩く権利はない、ということである。

現在二百六十四万二千社のうち、百七十二万八千社、実に六五・四%の会社が赤字を計上している。百七十二万八千人の社長は、顔を隠して裏通りを歩かなくてはならないことになる。

先の社長、あふれるほどの利益を出して鼻高々だった頃、若手社長を相手に、よくこの訓戒を垂れていた。若手社長が「今期五千万円の利益を出しました」と報告すると、「その程度で浮かれちゃいかん。あなたのところの規模なら四倍の二億円以上の利益でなければ本物ではない」と厳しい調子で激励していた。

この社長の会社は最近業績が悪く、あの豪快な声が聞かれなくなった。きっと自説どおり恥を忍んで裏通りを歩いているのだろう。

もし裏通りでこの社長に会ったら「赤字でも卑下することはありません。利益を出せなくても消費税を払って、社員に給料をちゃんと払っていれば立派なものです。堂々と表通りを歩きなさい」と言ってあげたいと思っている。

●会社の目的は「利益の追求」ではない

会社の優劣、すなわち会社の体質の強度を正しく測る秤《はかり》は〝人〟である。その会社がどんな社長、どんな管理者、どんな社員で成り立っているかによって強度が測定できる。

過去には人を育てられない会社が多かった。社長のアイデア力や技術力で会社を興し、人を道具のごとく使い捨てながら大きくなった。ビルを建て、土地を買い、利を追った。不況が来て業績は悪化した。もともと社員は会社に不信感を持っていた。賞与が出なくなり、給与が上がらなくなると、有能な社員はいち早く見切りをつけた。

社長の手元に残っているのは、半値になった土地と三分の一に値下がりした株券とあまり出来のよくない社員。資産はまだあるが、この会社は再建不能である。社長の気力・体力・知力の衰えとともに衰弱し、消えていく。

そもそも会社の目的は利益の追求にあるという考え方が間違いである。利益追求のためなら手段を問わず、何をしてもいいという考え方が間違いである。利益の追求は会社が人を育てる手段である。経営も仕事も、人を育てる手段である。

食い扶持《ぶち》稼ぎの商売なら利益の追求が目的でよいが、会社の経営は目的が違う。お金は会社と人の成長度を示す単なる目盛りであり、人を育てるための資材にすぎない。利益追求に血眼になり、社員の顔を真剣に見つめたことがない社長の会社が、強い体質の優良企業になるはずがない。

社長の考え方次第で会社の将来は決まってくる。

もともと人材などどこにもいない。会社に入ってから人材になる。会社が人材にする。人を育てない会社へ入った優秀な学生と、人を育てる会社へ入った平凡な学生は、三年後には能力も人間の出来も逆転している。

会社には二種類ある。といっても、これは赤字会社と黒字会社というのではない。人を育てることに真剣な会社と真剣でない会社である。もし現在、人を育てることに真剣なゆえに、会社が赤字になっているのだとすれば、その赤字を誇ってよい。人を育てることに真剣でない会社は、今、黒字を出していても、そんな黒字はあぶくのごとくすぐ消える。

赤字会社比率の増加は税務署や証券会社にとっては大きい問題だが、国家的見地に立てば何も問題にならない。赤字会社が果たしている役割は、法人所得税を払わないことを帳消しにして、なお釣りがくる。

六五・四％の赤字会社は、単純計算して労働人口の六五・四％を雇用している。現在失業率五％というが、赤字会社の踏ん張りがなければ失業者の山ができるだろう。さらに赤字会社の社員は所得税、住民税を納めている。

会社員は優良納税者だ。この貢献だけでも赤字会社は「裏通りを歩け」と言われる理由はない。そして赤字会社は、すべて赤字脱却をめざしている。優良黒字会社に変身する可能性を持っている。

現在赤字の会社の経営者に申しあげる。赤字の責任はあなたにある。景気のせいではないし、政治のせいでもない。あなたが会社の体質強化は、金と物の内部留保の増加によって達成できると考えていた。その考え方がいけないのである。

金の切れ目が縁の切れ目と言う。金による意思統一は強い力を発揮する。が、それは高度成長期やバブル期など、温暖な気候に限定した話だ。寒気の厳しい環境では無力であり、通用しない。

会社は、金銭欲を唯一の意思統一の材料とした段階から、いくつかの別の価値に目標を変えていく。これがうまくできた会社が、全天候に適応できる強い会社になる。

●若い社員に迎合する卑屈な姿勢

意思統一は、社長の意思に基づいて行う。ただし、その意思はどんな思想、どんな価値観でもいいわけではない。

数年前、会社を急成長させて話題になった社長が書いた本を読んだ。そのなかの社員教育の教材に使っているという「管理職十訓」には首をひねった。こんな項目が並んでいる。

一、若い人の話を聞くには、喜んで批判を受ける雅量が必要である。

一、若い人は我々自身の鏡であり、若い人がもし動かないならば、それは我々が悪いからだと思わなければならない。

一、人間を個人として認めれば、若い社員が喜んで働ける環境が自ずとできてくる。

一、リーダーシップとは部下を管理することではない。発想を豊かに持ち、部下の能力を存分に引き出すことである。

ずいぶん若い社員に気を遣ったものである。この会社の上司は、この教訓を忠実に実行しているのだろうか。上司が部下の召使になって、若い部下がのびのびと能力を発揮し、素晴らしい仕事をすることになったのだろうか。

この「十訓」の「若い人」「部下」を、「子供」「生徒」と置き換えてもう一度読んでみていただきたい。親もしくは学校教師に対する教訓になる。現在の親や教師が身につけて行動の指針にしている思想そのものである。

――子供(生徒)の話を聞くには、大人が喜んで批判を受ける雅量が必要だ。子供が期待どおり動かないのは親(教師)が悪い。子供を大人と対等の個人として認めよ、管理してはならない。自由にのびのびとさせれば能力を伸ばして成長する……。

こうした思想は、子供を甘やかし、子供の教育を放棄する。そして、そのツケは回り回って大人や親のもとに戻ってくる。子供が悪いのではない。大人が子供に対する態度、扱い方を勝手に変えたのだ。以前は子供から「ほしい」「買って!」とねだられても、「我慢しろ」「自分で稼いで買え」とはねつけたものだが、今は何でも買ってやる。以前は「子供は半人前」と末席につかせたが、今は大人と対等あるいは大人より上席につかせている。

この社長の「管理職十訓」は若い社員を甘やかし、つけあがらせ、怠け者にする。会社や上司を馬鹿にする社員が、いい仕事をするはずがない。上司である課長や部長を軽視して言うことを聞かない部下が、人材になるはずがない。

●社長も民主的意識にどっぷり浸かっている

大社長の〝若い人に迎合する卑屈な姿勢〟は、言うなれば現代の日本の社会常識である。なぜ大人はこの常識を疑うことなく実践しているのだろうか。それは民主的意識が骨の髄まで染み込んでいるからである。敗戦国日本に戦勝国アメリカが提供した民主主義に基づく思想、それがこの日本で年月とともに根を張り、ゆるぎない常識となるほどの巨木に成長した。「巨木が間違っている」と考えることなどできなくなってしまっている。

選挙制と多数決を基盤とするデモクラシーが封建制や独裁制に代わって政治の主たる制度になって久しいが、このデモクラシーが民主的意識を醸成してきた。その旗印は「自由、平等、博愛」だが、この正義をチェックする機能が働かず、ブレーキもきかず、とどまるところのない自由、とどまるところのない平等、とどまるところのない博愛となって、現在のいびつな民主・平等主義へと至ったのである。

●社長が持つべき思想

会社の経営は弱者優遇や人権尊重や平等主義では、できない。「売上げを上げて利益を出せば会社は成り立つのだから、社長が民主的意識だって経営はできるだろう」と反論する人がいるが、実際にやってみるがいい。

平等主義や弱者優遇を経営方針にしたら売上げは上がらない。利益は出ない。会社はうまくいかない。

少なくとも組織を預かる責任者である以上、民主的意識から脱しなければならない。これができなければ会社を引っ張っていく強いトップにはなれない。ボランティアや福祉活動は、利益が出て、磐石の会社になった後に趣味の一つとして考えればいい。

今あなたが成すべきは強い会社をつくること、そのため全員の意思統一を成功させることである。その材料は金ではなく思想である。

サラリーマン意識に染まっている社員の意識を、経営者の意識に変える。これによって会社の意思統一をはかる。大変な仕事である。この仕事と比べれば、金儲けなんて、幼稚園レベルの仕事だろう。

23章――社員の帰属意識を育成せよ

●奇妙な個人主義がまかり通る

個人の自由という黴菌《ばいきん》は会社の中まで侵食している。上司の命令に「私は人から命令されるのはいやだ」と反発する社員がいる。叱られると翌日会社を休んでしまう社員がいる。客に対して〝対等〟に横柄《おうへい》な口をきく社員がいる。日本に蔓延《まんえん》した個人主義は「自分が一番偉い」という単純な思い込みを土台にしている。

ノーベル物理学賞受賞の江崎玲於奈《れおな》氏は「優れた発明、発見は自由な環境から生まれる。管理や干渉がきついと人は創造性を発揮できない。日本は個人の独立性を尊重するアメリカ的な個人中心の社会（あるいは企業）にならなければ国際的な競争には勝てない」という趣旨のことを、その著書『個人人間の時代』の中で述べられている。江崎氏のような偉い人が言うことだと、そっくり鵜呑《うの》みにするのが日本人である。

江崎氏は世界最高レベルの頭脳を有する科学者や研究員を念頭において、個性と創造性を最優先させなければ新しい発明・発見は期待できないと言い、「個人主義」を推奨している。管理や干渉がきついと人は創造性を発揮できない。

しかし、これはあくまで天才的な発明・発見を使命とするごく少数の人に当てはまる説である。天才は人類や国家に貢献する人である。出勤や退勤の時間など自由でよい。服装が乱れていようと、そんなことは本質的なことではないじゃないか。こうした天才を、無理やり組織の枠《わく》にはめ込んではいけない、と江崎氏は言っているのである。

それが学校教育の場では〝誰でも何でも自由の個人主義〟に拡大し、変質していった。一握りの天才や有能な人物のための言葉が、大多数の普通の人々、いや普通以下の人々にまで適用された。

すべての人が個性尊重、創造力重視とおだてられ、大事に大事に扱われるようになり、ついには規則・規律などないほうが個性を育てると言って、子供に対する管理、干渉を一切やめるまでになった。この傾向に親がさらに拍車をかけた。

親はみな自分の子は個性と創造性のある天才であってほしいと願う。それが親心というものだ。これが背中を押す追い風となり、学校の管理や干渉に反対した。幼稚園の先生にまで「うちの子を叱らないで！　個性を潰《つぶ》してしまうじゃないの！」と抗議する親まであらわれた。

親の頭の中には世界レベルで活躍している科学者、音楽家、野球やサッカーの選手など、ごく少数派の日本人の顔があり、自分の子がいずれそのうちの一人になると思っている。もしそうでなければ、礼儀とマナーに欠け、忍耐力に欠け、協調性に欠け、自分で考える力さえない自分の子を、「それでいい」と肯定するはずがない。

●集団主義とお手本志向の強み

本来日本は、世界でも稀有《けう》な集団主義（主義というのは適切ではないが個人主義と対比するため敢えてこう使う）の国で、この特性によって現在の繁栄を得ることができた。世界が首をひねり、不気味な国と言われたりするが、集団主義こそ日本の武器であり長所であった。

日本は「和をもって尊しとなす」国であり、道徳では素直、従順、協調性が重視され、それが日本人の国民性になった。

欧米諸国から見れば、日本は横並びの非創造的社会であり、真似して咀嚼《そしゃく》するのはうまいが、自分で研究してつくり出すのは苦手という民族である。しかしこのお手本志向、いいものを学んで吸収する姿勢が日本を先進国にした。久しく、日本が物づくりの分野で世界各国の垂涎《すいぜん》の的《まと》になってきた。日本企業の工場や研究所にわざわざ見学に来る人が絶えない。かつての物真似民族が誰も追い付けないほどの高度な技術を持つまでになったのだ。この成功は、協調性とお手本志向の積み重ねの賜物《たまもの》以外のなにものでもない。

集団主義とお手本志向。この日本的特性を捨てて奇妙な個人主義が幅をきかせるようになった現在、指導者は自信をなくし途方に暮れている。

会社というのは、凡人の集まりである。個性だ、創造性だと言っても、世界を変えるすごい発明発見が、凡人にたやすくできるわけがない。

会社は〝何でも自由〟、〝自分さえよければ〟の個人主義は認めない。これを認めたら会社という組織が成り立たない。会社は個人主義を認めないが、個人の幸福な人生を約束する。会社は仕事を提供し、仲間を提供し、報酬を提供し、人間としての成長を可能にする。

だからといって、「自由を捨てて滅私《めっし》奉公せよ」と言うのではない。会社は戦うことによって社員に幸福を与えようとしている。戦いには戦う姿勢を持つ人が必要であり、規律を守り、会社の意思に従う人が必要である。もし、会社の要求に応えられないなら、その人は会社には有害な人であるから不要だということである。

健闘している会社は、どこも社員がよく働いている。こうした会社の社員は、会社が人生の幸福をもたらしてくれるのだから、会社をよくするために自分の時間と自分の力をより多く投入するのは当然と考えている。よく働いて、いい仕事をすれば、必ず会社がその分報《むく》いてくれると信じている。つまり社員が経営者を信頼している。経営者が社員を人間として尊重して信頼し、その信頼に社員が応える。この会社には〝相互信頼〟がある。これが会社の強みとなり、不況でも堅実な歩みを可能にしている。

●「会社は悪」と考える人

ある新聞から。「米国の場合、昨年一年間で従業員の約半数が企業内で支出のごまかしや私的リベートの受取り、サイン偽造などの非倫理的または違法行為を行ったという数字もある。従業員の窃盗《せっとう》額は年間千二百億ドル（約十五兆円）。これは全米の万引被害額より大きい」。この数字は信じ難いが、アメリカ企業で働く人のモラルが総じて低いことは想像できる。

モラルつまり企業に対する倫理観は、社員の心の中の問題だから強制できない。モラルは環境が育む。〝信頼の土壌〟がモラルを育む。日本にも社員が安心して人生を委ねられない会社が数多くある。経営者が、私利私欲を第一とする〝自分さえよければ〟の個人主義の持ち主の会社。こうした会社は、現在、人が逃げ、人が働かず、瀕死の状態である。

もしあなたがこうした会社に勤めているなら、私は何も要求しない。しかし、会社があなたを信頼してくれているならば、わがまま勝手はいけない。

大新聞社に勤める知人が言っていたが、ファックスや手紙で会社の内部告発書が山ほど来ているそうである。

これはどういうことだろう。会社がいやなら「ここは私に合わない、私の能力を生かせない」と言って辞めるのがふつうだが、会社からちゃんと給料をもらいながら「うちの会社はこんなに悪い会社だ。どうか懲《こ》らしめてください」と言い放つ普通ではない社員がふえているということである。

〝会社は常に悪〟〝金儲けは必要悪〟という考え方（というより感じ方といったほうが正確か）が、学者、芸術家、学校教師など、青少年が物の考え方を形成するうえで一番影響力のある文化人の一部に、抜きがたい先入観としてあるようだ。

学者、芸術家、学校教師の多くは、当然のことながら会社に勤めたことがない。会社を経営したことがない。会社を外から眺めているだけである。会社について知っていることといえば本で学んだ〝資本家の搾取《さくしゅ》〟と〝労働者の虐待〟の概念と、新聞に載っている公害の発生源としての会社、政治家や官僚への贈賄事件、社長や社員の犯罪などの悪いイメージが色濃く影を落とす。

こうした人々から影響を受けた若者の群れ、学生が入りたいと希望する会社は、東京海上火災保険、NTT、日本航空など、何となく「紳士的でスマートな」イメージのところである。つまり労働現場という生々しいにおいがしないところ、何となくクリーンなイメージのあるところである。

こうした会社に入れるのは、ほんの一握りで（この人たちも入社後には会社というものに対する認識を改めざるを得ないが）、大半の学生はふつうの会社に入る。

会社の指導者の指導がうまければ、学生は「わかった」と言って一気に殻を破って〝社員〟になるが、指導者が甘いと学生は従来どおりの会社観を持ち続ける。

この人は言う。会社に体（労働）は売るが心は売らない。プライバシーに立ち入らないでくれ。会社は個性を抑圧して人間を画一化する。会社は我々をこき使って私腹をこやしている（あの人は私の五倍も給料をもらっている、不公平だ）。私も一人前の人間だ。人格を尊重してくれ、命令したり叱りつけたりはやめてくれ。もっとやさしく言ってくれれば気持よくやるのに。もっと自由に、もっと私の能力が生かせる仕事をさせてくれ……。

十五年前、景気がよくて人が足りない時、会社はこの人を容認した。なかには「あなたの個性を尊重し、あなたの希望どおりにいたします」と迎合《げいごう》する会社もあった。そのため十五年経った現在も、なお当時の価値観、会社観をずっと変えずに持ち続けている人がいる。四十歳近くなっても、学生意識（気分？）のままなのである。

●これが〝会社の常識〟というものだ

人は環境に順応する。会社に入って何年かすれば、過去の学生気分を捨てる。多くの人が会社の常識を理解し、忠誠心を持ち、仕事中心になる。それが人の智恵というものである。だがなかに、旧式の色メガネをかけて会社に冷たい視線を送っている人がいる。この人たちに会社の常識は通じないが、そうでない人向きに会社の常識を以下に列挙してみる。

①会社にはビジョンと経営理念がある。これを実現するための経営計画がある。計画は目標を明示している。この目標を達成するのが、社員の任務である。理念や計画は明文化されていなくても、トップの頭の中に存在しているはずだ。

②会社は、全体が一つの意思に統一された時、強い力を発揮する。したがって、会社は社員の〝意思統一〟を求める。一つの意思とは、大抵の場合経営のトップ、つまり社長の意思である。社員は社長のものの見方考え方を理解し、共鳴し、賛同しなければならない。

③会社は利益を分配する。利益に一番貢献しているのは社員だから、優先的に社員に分配する。逆に利益がマイナスになれば、その責任は社員にあるから社員の賞与ゼロ、場合によっては降給がありうる。

④会社は己の生存と名誉（信用）を第一とする。生き残るためには社長の解任、社員の解雇、何でも手を打つ。会社は人の力で成り立っているが、非常時にはその〝人〟を切り捨てる非情な一面を持っている。

⑤会社は、仕事ができる人を優遇し、できない人は冷遇する。仕事ができない人は採用しない。仕事ができなくなった人は辞めてもらう。定年制は六十歳まで雇用を保証する制度ではない。六十歳になったら辞めてもらう制度である。当然仕事ができない人は、定年前に切られることもある。

⑥会社は命令報告のルールで動く騎馬民族型の組織である。寄り合い相談で動くのんびりした農村型の組織ではない。騎馬民族型の組織は、トップおよび指導者層が有能であれば発展し、無能であれば衰亡する。

⑦会社の中には人の上下関係がある。上と下では与えられる権限の大きさが違う。上は命令する人であり、責任を負う人であり、教育者である。下は仕事の実行者であり、報告する人であり、上を補佐する人である。社内の人間関係は、みんな平等のお友達関係ではない。

⑧会社は意欲のある人、会社に対する忠誠心がある人を歓迎する。会社はやる気のない人、努力しない人、時間と労力を使うことを惜しむ人、会社の足を引っ張る人は排除する。

⑨人は仕事によって成長する。仕事を通じて個性を発揮することができる。自分が行った仕事の成果や社内での地位、収入が人間としての成長度を客観的に示してくれる。ふつうの人は、会社を離れ、他人の物差しなしに、自分の成長を把握することは、なかなか難しい。

⑩会社は人間教育の場である。家庭、学校、サークル活動は人を一人前の社会人に育てることができない。青年は、会社へ入って仕事を通じて教育されてはじめて一人前になる。会社には人を育てる時間とお金のゆとりがある。会社は、社員の能力を伸ばし、人間性を高めることによって社会に貢献する。存続している会社は、その商品やサービスを社会が支持してくれるから存続しているのだが、それにプラスして「人を育てる」という意義深い貢献をしている。

以上が会社の常識である。現代は企業中心社会であり、今では農業や漁業など第一次産業も会社経営の形を取っている。政治家や官僚は、企業の指導者の意向を尊重して方策を立てているし、日本が誇る巨大企業は、下請け企業から仕入れ先、その家族まで含めると一社で三百万人、五百万人の生活を維持している。ありがたい話ではないか。会社の価値をもっと素直に認めるべきではないか。

ある国立大学の教授が、「学生の言葉遣いがなれなれしい。先生には敬語をつかうべきではないか」と聞かれて、「いや、いいんです」と答えた。「今、敬語をつかえない学生も、社会に出て三年もすると、ちゃんと敬語をつかって話すようになります。心配はいりません」と言った。

私は感動した。学生の言葉遣《づか》いを正すのは自分の役目ではないと、教育を先送りして平然と笑っている教育者の無責任さ。学生は会社に入って会社でもまれてはじめて一人前の話し方ができるようになるという事実。私は、この二つのことに感動した。

利益追求組織である会社が、家庭や学校の手抜きに怒ることなく、黙々と若者を教育している。一般社会の常識とは、かなり毛色の違う常識を武器に社員を鍛えている。会社こそ人を育てる最後の砦《とりで》、唯一の砦ではないか。会社が日本人の精神の崩壊《ほうかい》を防いでいる。経済面だけでなく、教育の面でも、会社が国を支えている。会社がなければ、日本という国はとっくに衰亡して消えている。会社の果たしている大きな役割、そして日常のけなげな活動を思うと頭が下がる。

●社員はさむらいである

人は自分が一番大事である。この意味で個人主義は是認される。だからこそ、人の意見に耳を傾け、人を理解し、人に力を貸し、人を大事にする。人を大事にすれば、人も私を大事にしてくれる。社会の秩序に従い、人に迷惑をかけず、義務を守り、自己の責任を果たす。これが本当の個人主義である。横並びの集団主義に慣れた私たちが、真正の厳しい個人主義を貫くのは並大抵のことではない。

個人主義の歴史と伝統のない国、個人主義が育つ土壌がない国、そこに個人主義の種が蒔《ま》かれた。芽を出し生い茂った草は一見個人主義に見えるが、よく見ると葉も花も奇形である。それはニセモノである。自分以外の人の考え方に敬意を払う、社会の決め事などを尊重する、そうした姿勢とは無縁の利己主義である。

会社の指導者は社員の利己主義を「個人の尊重」という尺度ではかってはならない。そして秩序に従う社員、会社の期待に応える人材を育成するのだ。

三十年近く前、故三島由紀夫は「昔の武士は、藩に不幸があれば諫死《かんし》しました。さもなければ黙って耐えました。何ものかに属するとはそういうことです」と、自分が所属する政党を悪く言う国会議員を厳しく諭《さと》した。士道に悖《もと》るというわけだ。

「仕事が好き」や「よく働く」だけでは、優秀な社員とは言えない。社員は会社のさむらいなのだ。公のために生きる、美しく生きる、恩義に応えるといったさむらいの意識に昇《しょう》華《か》させよ。

24章――なぜ、社員を平等に叱らないのか

●叱られ組と甘やかされ組

「社長は社員の同じ失敗に対して、人によってまったく違う対応をします。叱ると会社を辞めてしまうような人には何も言いません。私たちはどなられ、厳しく責任を追及されます。私は社長の身内ですから、厳しく叱られて当然と思っていますが、同じ失敗をした他の者を叱らないのは、納得できません。指摘されなければ行動は改善されません。

事実、社内で意識と行動のレベルではっきり差ができています。叱られ組は緊張して仕事をしています。任される仕事は質量ともに高い。それに比べ、甘やかされ組は仕事の量が少なく、ダラダラやっています。こんなに差があっては一致団結もできません。これは会社の大きい欠点だと思います。社長に話すと途中で話を切られて聞いてくれません。この問題が私の壁になっています」

中堅食品メーカーの二十六歳の二代目、山野正夫君から相談を受けた。二年前までは学生気分が抜けず、自己中心で仕事に身が入らない若者だったが、管理者研修を受けてがらっと変わった。今は朝一番に出社して会社のまわりを毎日掃除している。困難な問題に「私がやりましょう」と、真っ先に手を挙げて取り組むようになった。その正夫君の、会社を思うがゆえの悩みである。私はこうアドバイスした。

同じ失敗に対して処罰は平等でなければならない。賞も同じ。これが公平な信賞必罰である。ところが〝叱る〟と〝罰〟は似て非なるもので、同じではない。〝叱る〟は当人を矯正するための教育行為である。したがって、叱っても直る見込みがない場合や逆効果になる場合は、叱らないほうがいい。社長が同じ失敗をした人の片方を叱り、片方は叱らないというのは不公平でも何でもない。極めて効率よい教育行為なのである。

強い組織をつくる指導者は、叱ったほうがいい人と叱らないほうがいい人を区別できる。有名な話だが、その昔、プロ野球で名監督といわれた巨人軍の川上哲治氏は、長嶋茂雄選手一人を徹底して叱った。他の選手を一とすると、長嶋選手は十叱った。まだ若い頃とはいえ比類なき名選手を、なぜ監督は叱り続けたのか。叱りやすかったからである。

叱るとふてくされたり反抗したりする人がいるが、長嶋選手はその逆で素直に「すみません」「わかりました」と反応する。他の選手は、チームの中心である長嶋選手が叱られるのを見ている。自分を改めるのを見ている。見習わなければと思う。川上監督は長嶋選手を叱られ役にすることで、チーム全体の指導・育成を効率よく行うことができたのである。

「叱る叱らないを相手によって区別する」は、指導者の高等テクニックである。

私は、大略このような話をした。正夫君は十分ではないが「わかった」という顔で頭を下げた。

●「叱るべきことは叱る」が行動の第一原則

管理者研修で、「部下を叱ることができる人が、優秀な管理者」と教えている。注意しても直さないこと、当然、守るべき会社の規則を守らないことに対しては叱らなければならない。決して見逃してはならない。その場ですぐ叱れ。相手のプライドを傷つけないようにと、上手な叱り方などを考える必要はない。そんなことを考えるから叱れなくなる。

指導者の行動の第一原則ともいうべき〝叱る〟が、なぜ疎《おろそ》かにされているのか。それは叱るのは悪いことという考えが浸透しているからだ。

「叱るよりほめて励まし長所を伸ばせ」「〝危ない〟と叱るより、やさしく手を引こう」こんな標語が町にあふれている。子供を叱ってはいけない、が世間の常識で、子供は叱られることなく育つ。そのため〝自己抑制〟ができない。自己抑制できることが大人の条件であるから、十五歳になっても二十歳になっても、体は大きいが精神は子供のまま。つまり健全に育っていないのである。

夕方、駅からの帰り道、狭い歩道に六人の中学生らしい少年が自転車を止めてたむろしていた。人が通れない。人々は〝危険〟を避けてわざわざ車道を往来している。私は「通れないじゃないか、邪魔だね」と言った。「うるせえんだよ」と一人が言った。それにかまわず前をふさぐ少年に「どきなさい！」とどなった。二人の少年はたじろいで道をあけた。そこを通り抜けかけたとき、さっきの一人が「うるせえなあ」と私の背中に触れた。私を叩こうとしたが距離があったので掠《かす》ったのだった。私はそのまま背中を向けて歩き去った。背中に汗がにじみ出た。六人の少年に殴られ、蹴《け》られていたかもしれないという恐怖のためだった。

子供を叱ると何をされるかわからないという恐怖心から、大人が子供を叱れなくなっている。してはいけないことを我慢してしない、それが自己抑制だが、成すべきことを勇気を持ってするのも自己抑制である。私は振り向いて少年と戦うべきだったのだろう。その点自己抑制できない大人の一人である。叱って相手を直すところまで徹底し切れない自分を恥じている。

大人が子供を叱れない。これは大人の精神が柔弱になっていることが原因だが、「叱ることはいけないこと」という考え方が社会常識として定着してしまったことがより大きい深刻な問題だと私は思う。「叱れない」が、「叱ってはいけない」という考え方によって正当化されてしまったのだ。

「叱ってはいけない」は、会社のなかにまで入り込んでいる。部下の言い分をよく聞きなさい。部下の気持を理解しなさい。認めてあげなさい。ほめなさい。励ましなさい。そうすれば部下の能力は伸び、意欲的に仕事をする。一方的に強制してはいけない。失敗しても叱ってはいけない。叱るといじける。萎縮《いしゅく》する。個性が潰《つぶ》れる。だからやさしく言って納得させなさい。部下を叱って心を傷つけてはいけない……。こうした固定観念が、叱らない、叱れない上司を生み出している。

●「会社と個人は対等」という契約型社員全盛の時代が来る

叱ることは教育行為である。指導者は部下育成の義務がある。日本では会社は人間修行の場であり、人は会社へ入ってから一人前の大人に成長する。人は叱られながら育つ。

従来のこの考え方が変容しつつある。平成十二年一月に提出された「二十一世紀日本の構想」懇談会（小渕元総理が設置）の報告書の「企業と個人との関係」の項にはこのように記されていた。

「二十一世紀の企業は、個人に対して支配的存在であることをやめるべきである。むしろ企業と個人は、それぞれ何を与え、何を求めるのかを明確にした上で対峙し、相互関係を確認した上で契約を結ぶといった意味で対等な立場に立ち、新たな関係を構築するためには、転職が大きなハンディとならず、個人が企業間を自由に移動でき、個人も企業も流動的に持ち場を変えうる社会を構築することが必要であろう」

会社と個人は対等。ということは、個人は組織に服従する必要はない。いやなら会社を替わればいい。そうした契約型の社員が主流となるように会社は変わるべきだという主旨である。

家族は親も子も対等、子は家に縛られることはない。こうした考え方が一つ屋根の下にばらばらの個人がいるだけの状態、つまり家族崩壊の状態を出現させた。この考え方を会社と社員の関係にまで普及させようということである。

会社と社員は対等だから、会社は社員を育てる必要はない。いや、上司は部下と対等だから叱ってはならないのだ。社員は契約した期間、契約した仕事を行い、会社は契約した報酬を支払う。両者の関係はそれ以上のものではない。社員は会社の外で能力を磨き、人間を磨いて、自分を高く買ってくれる会社に勤める。気に入らなければ辞めて他へ移る。

「包丁一本さらしに巻いて」、板場《いたば》から板場へ渡り歩いた板前さんを思い出す。自分の好きなようにやらせてもらえないとすぐ辞める。主人がうるさく管理したり拘束したりすればケンカをして出ていく。渡り職人は腕を誇りにし、組織になじまず、組織と対等の気分で仕事をした。こんな渡り職人のような社員が、二十一世紀に求められる社員だと報告書は言うのである。

実際に契約社員はふえている。人材派遣会社も隆盛のようである。終身雇用の崩壊が大きい理由であろう。その点、この報告書は将来の会社と社員の関係の一つのあり方を正しく指摘している。しかし、会社と社員は、対等の契約型がいい、会社は契約社員を多用すべしという論は、会社の現実を見ているとは思えない。

契約型社員は、会社の必要に応じてふえるだろうが、会社という組織の本体は、いつの時代でも組織従属型の社員が占める。報告書が示す指針は、企業というものの実態を知らない人がつくった、あまり出来のよくないおとぎ話だと言える。

●契約意識の強い社員を幹部にするな

山野社長が息子の正夫君や幹部を叱るのは一人前に育てるためである。これから会社を背負っていく人が、こんな意識、こんな行動では困る。だから叱る。

では、同じ失敗をしても叱られない社員は、どういう人なのか。決められた時間に、これだけの仕事をしてくれればいい。後は何も期待しない。言うなれば契約型の社員である。実際は、正社員でも社長は〝必要労力〟としか認めていない。失敗が目に余るなら、契約不履行で辞めてもらう。それほどでもないのなら見逃す。この社員は、叱って育てる気になれない人なのである。

会社に服従せず忠誠心を持たず、「会社が何だ、私はもらっている給料分の仕事はしている」という社員が、これからふえてくる。こうした契約意識の強い社員を、経営者意識を持った幹部に育てることはできない。自ら「俺は手足のままでいい。頭にはなりたくない」という人は叱ってもむだである。

正夫君は社員の意識の差がはなはだしくなり、まとまりがつかないのではないかと心配しているが、会社に昔からある労働者集団と経営者集団の差だと思えばよい。

あなたは上司から叱られない人の悲哀を感じ取れるだろうか。

25章――大企業病の予防策

●既得の権利を守る役人エネルギー

人口十万人の地方都市で、現職市長を僅差で破って新市長が誕生した。市長は公約どおり、さっそく「公用車の廃止」「職員食堂の民間委託」を議会に提案した。こうした経費を一〇〇とした場合、民間に委託すれば一六に減らすことができる。こんな〝よいこと〟に誰も反対するはずがない。

強力な反対者がいた。市職員である。千人の全職員が反対した。反対理由は〝人権〟である。公用車の運転手三人、食堂の女性職員四人が職を失う。他部署への配置替えなのだが、組織の都合で職を替えられ、自分の得意の仕事ができなくなる。これは人権蹂躙《じゅうりん》だというのである。

市議会は旧市長派が多数である。市職員と深くつながっている議員が少なくない。市長が理詰めで説いても応じない。小さなキズを大きなスキャンダルにしようとするビラがまかれた。この程度で音《ね》をあげる市長ではないが、最近、顔に苦渋の皺《しわ》が刻まれるようになった。半年たった現在、公用車の廃止も食堂の民間委託も実現していない。

選挙で新市長のために尽力した、市の中心企業ともいうべき会社の社長が言っていた。

「役人というのは、既得の権利に異常なまでに執心する。制度の廃止や変更には、あくまでも反対する。すごいエネルギーだと思う。一人ひとりはいい人で話してみるとこっちの話をわかってくれる。食堂の職員が、こんな田舎でいろいろな手当も含めると年収七百万円ももらっている。不合理だと思わないかと聞くと、『おかしいですね』と答える。それが役人という鎧《よろい》を着ると、人が変わってしまう。自分の身を守ることと体制を変えないことには団結して戦う」

次に社長は〝公務員の権利〟についてこんな思い出話をした。

以前、町会長をしていたとき、町はずれの〝史跡〟のクリーンアップをすることにした。一面、草ぼうぼうで焼き払うしかない。消防署にその旨通知した。遠くの人が煙を見て隣の町の消防署に通報、消防自動車が何台も飛んできた。町会長は事情を説明した。町の消防署に連絡済みであることも話した。消防車のリーダーはうなずいた。そして「消火！」と号令をかけた。草の火は消えた。人々はその行動を啞然《あぜん》として見ていた。

社長は言う。「後でわかったのですが、消火活動をしないと出動手当が出ないんです。一回三千円か五千円の手当をもらうために、不必要とわかっている消火放水を実行した。実に情けない話です」

変な手当があるものである。出動や消火は消防本来の仕事である。本来の仕事をしてなぜ手当が出るのか。公務員は〝手当〟が多い。そこに〝いる〟だけで基本給がもらえ、何か仕事をすれば、プラスアルファがもらえるかのようである。なぜこうなのか。公務員は何十年もかけてじわりじわりと一つずつ手当や権利を獲得してきた。

会社も役所も上意下達の組織で形は似ている。しかし役所は、〝労働者の権利〟が第一とされ、これを土台にして仕事が行われる。この権利が阻害されることには反対し、この権利を守るためなら消すべきでない火まで消す。役所に利益感覚のある経営者はいない。たまに新市長のような経営者があらわれると仇敵《きゅうてき》のごとく攻撃し、叩き潰《つぶ》そうとする。その負のエネルギーの威力はすさまじい。リストラや行政改革などは、旗を掲げただけで粉砕される。

●社員の意見を尊重する制度で失敗した会社

以上の話は役所や公務員の欠陥を指摘するために述べたのではない。私は、一般企業の役所化、社員の公務員化を懸念している。会社が役所のようになっていいことは何もないのだが、会社のトップ自らが、その方向へと舵《かじ》を取っているとしか思えない会社が出てきているのである。

ある中堅企業では二代目社長が多面評価制度（部下による上司評価）を採用した。幹部層に活を入れ、指導力の向上を目的に、この評価を昇給・賞与の査定の参考にすると告げてスタートした。評価項目は、ある大企業の制度をサンプルに、二代目社長自らが作成した。年二回の評価が行われ、目立つ評価は社長が幹部会議で公表した。それによって幹部は自信を得たり反省したりする。それが、幹部の指導力を高めることになるというのが社長の腹づもりだった。

評価項目は、「失敗に対する責任をとっているか」、「社長の意思を正確に伝達しているか」、「セクショナリズムはないか」、といった部門長としての能力を問うものが半分。「部下の自由な発想を歓迎しているか」、「部下の意見を尊重して仕事に活かしているか」、「部下の問題点を把握して適切な指導を行っているか」、「部下とのコミュニケーションを十分とっているか」、「部下が理解・納得するまで十分話し合っているか」、などといった部下の指導育成に関するものが半分である。

この評価制度を始めてから、会社は少しずつ変わっていった。高圧的に「黙ってやれ」

と命令する上司、部下を口うるさく叱りつける上司は影を潜《ひそ》めた。やさしい上司、ものわかりのいい上司、部下に迎合《げいごう》する上司ばかりになった。

一方、部下は自由活発に活動した。建設的な意見を出す部下、上司の欠点をはっきり指摘する部下、「私は納得できません。だからやりません」と上司の指示に従わない部下などがふえた。ミーティングでは〝上下関係〟のない、仲間言葉だった。「あそこはイヤだなあ。ああいうタイプ苦手なんですよ。課長は話合わせるのうまいから、課長が行けばうまくいくと思うんだがなあ。私が行って壊しちゃったら今月の目標難しくなるしね。課長、行ってよ」。部下が仕事を選り好みし、上司がその穴埋めをする。自由活発と言ったが、それはすぐに礼儀や規律を軽視するだらしない職場に変わった。

社長は多面評価制度が部下を増長させ、上司を卑屈にし、組織力を弱め、会社を緊張感のないだらけた空気にしてしまったことを反省した。しかし、社長はこの制度を廃止しなかった。よそではうまくいっていると聞いている。自分のところは制度がまだ十分定着していない。しばらく様子を見るべきだと判断したのだ。

社内では社員の意見を尊重して、仕事の範囲の設定、庶務担当社員（電話受付、手紙や荷物の配送管理人、掃除人など）の補充などの〝改革〟がつぎつぎに実施され、職場環境は快適になった。当然会社の体質は弱くなり、業績は悪くなった。そんなことは関係ないという顔で役所の職員のごとく、自分の権利ばかり主張する社員がちらほらあらわれ始めている……。

●自由にさせれば社員は会社に貢献する人材になるか？

役所も、来訪者に対するサービスなどは意識改革によって昔と比べて格段によくなっている。しかし、利益を出すことを目的としていないので、その本質は変わっていない。会社の役所化、社員の公務員化を〝大企業病〟と言い、会社はこの病気に罹《かか》ることを警戒して策を施している。それがいつ頃からか、自ら求めて大企業病に陥ろうとする会社が出てきた。本来ならあり得ないことが、あちこちの会社で行われている。

会社は安定すると膠着《こうちゃく》する。仕事の分業化が進み、前例が重んじられ、改革の気風が失われる。会社の目標や社長の考えは、末端社員から遠いものになる。外を向いて戦う社員は少なくなる。代わって労働者の権利や人権を声高《こわだか》に主張する社員が多くなる。これが大企業病である。

まだ安定もしていない中小企業が大企業病になるのはなぜか。その原因は社長の意識にある。社長が受けてきた教育、社長が身につけている思想が、会社を大企業病へ走らせる。創業社長が生きていたら仰天するような行為を、二代目、三代目の社長は自己の信念に基づいて行っているのである。

経済雑誌などで、識者《しきしゃ》と呼ばれる先生方が「あなたは正しい」と社長を一層あおり立てる。曰く。「一致団結、みんなでがんばろう式の日本的な集団主義、横並び思考と決別せよ。社員の個性を尊重して工夫やアイデアを提供してくれる人材を育成しなければならない。突出する人、はみ出す人を活かす風土をつくれ」

こうした主張の誤りは明白。会社を革新する工夫、目のさめるようなアイデアを出す頭脳の持ち主は百人に一人。それを個性尊重の名で百人全員が可能だと夢想する。自由にさせれば百人がみなアイデアを出し、個性を発揮し、会社に貢献する人材になると考えている。司令官と参謀だけで、兵隊のいない軍隊が一番強いと言っているようなものである。

上下のケジメがうるさかろうと強制や束縛があろうと、一致団結の集団主義だろうと金太郎アメの横並び思考だろうと、自由な発想ができる個性的人材は、どこでも育つ。世の中に影響を与える突出した個性は、ユニフォームを着せたからといって、なくなるものではない。その反対に、自由放任でのびのびさせる環境を与えたからといって、凡人が非凡に変わるわけではない。会社に貢献する個性が伸びるものでもない。逆に凡人の長所である誠実な人柄や自己抑制できる精神を破壊してしまう。

組織はトップの考え方で強くも弱くもなる。個性尊重という魅力的言葉に眩惑《げんわく》されてはならない。

つけ加えると、大企業病をもっとも嫌い、敏感に対応しているのは優良大企業である。能力主義は成果賃金制の導入によって優勝劣敗《ゆうしょうれっぱい》の気風を養い、三十代で社員を管理者コースと専門職コースに振り分ける早期選抜制度によって、闘争心や競争心をあおり立てる。中小企業のように社長の情熱を直接社員にぶつけて緊張を強いることが難しいので、組織の細分化や制度改革に頼るしかない。そのために失敗も伴う。

こうした対策を別の観点から見ると、実は、人員整理という最後の手段に至る前の一種のリストラである。油断するとすぐに贅肉《ぜいにく》がつき、行動が鈍くなってしまうので、先手先手のリストラが必要なのである。

ここでは甘ったれて自己の権利の主張などしていられないし、仕事をしないで遊んでいることは許されない。能力を発揮して会社に貢献する人が優遇され、能力のない人や働かない人は冷遇される。社員は息がつまる思いがするが、こうしなければ会社は生き残れない。下に甘くすることから、大企業病が蔓延《まんえん》する。優良企業はこのことをよく知っており、社員に厳しい施策《しさく》を講じることによって、大企業病に冒されることを未然に防ごうとしている。

第六部——サラリーマン意識と経営者の思想

26章——日本人の価値観の変化

●優秀な指導者の〝形〟を真似ても……

社内ではもちろん、酒の席や遊びの場でも上司風を吹かせる人がいる。こうした人に、部下はうんざりして心を開かない。

そこで利口な人は、上司ぶるのは損と知る。部下と友達のように接し、目立たないよう努める。ところが、これで良好な上下関係が保てればいいがそうはいかない。部下は上司をなめてかかり言うことを聞かなくなる。

大将の器《うつわ》について老子は「太上《たいじょう》は下之《しもこれ》有るを知るのみ」と言っている。最上級の大将というものは下が「ああ私たちの大将がいるな」と思うだけ。居るのか居ないのかわからないように静かで何も言わず何もしない。それでいて下はみな大将の方を向いており、大将の意に添う働きを示そうと思っている。

老子は「其次《その》は親しんで下之《しもこれ》を誉《ほ》む」タイプだと言う。自分たち下の者に思いやりをかけて親しんでくれる。「うちの大将は有能だ。この大将についていけば我々は勝利の道を歩ける」と下は信頼して誉める。

「其次《その》は下之《しもこれ》を畏《おそ》る」で信賞必罰、怖い鬼の大将。最低は「下之《しもこれ》を侮《あなど》る」で下から侮られる大将だと老子は言っている。

老子のこの文章を知らなくても、私たちは上に立つ人はこうあるべきだと何となく知っている。そこで会社の経営者や幹部など、人の上に立つ立場になると、得てして上級の大将の形をとりがちだ。部下が萎縮《いしゅく》したり気を遣ったりすることのない、空気のように自然な存在であるべし、部下がうちとけて口をきいてくる親しみやすい存在であるべし、とその〝形〟を作る。

中身より形が先行する。寛大で包容力のある形をとるので部下に甘くなる。部下の努力不足を許す。だらけていても叱らない。部下のわがままを「いいよ、いいよ」と認める。こうして上級の形をとった上司が、最下級の、下に侮られる上司になってしまう。

会社の幹部は、歴史上の名君や将軍のあり方をそのまま真似るべきではない、と私は思う。私たちはそれほど大器にならなくても、優秀であり得る道がある。三等級の「下之を畏る」のレベルで十分である。その人が現場にあらわれると、現場の空気がピーンと張り詰める。その人に見据えられると、金縛りにあったように固くなる。その人に言われると、黙って服従せざるを得ない。会社の社長や幹部は、下から畏れられるこのレベルが最上級なのではないだろうか。

畏れられる人は厳しい。部下の怠惰《たいだ》やミスを許さない。過重な仕事を与えて部下を追い立てる。仕事ができない人には冷たい。小さい問題を見逃さない。自分の意思を押し通し、それに反対する人や馴染まない人は排除する。

畏れられる人は威張る人ではない。ただ静かに言うべきを言い、なすべきをきちんと行う人である。自分の意思と信念に協調するよう下に要請することはあるが、無闇《むやみ》に力で捩《ね》じ伏せることはしない。

上から見下す言動をとり、やたら上司風を吹かせるタイプは、この〝畏れられる〟の形を〝真似る〟人であり、やはり中身がないので部下の面従腹背《めんじゅうふくはい》を生み、〝侮られる〟と同じ最低の上司になる。

●現在の日本人が大事にする五つの価値

形にとらわれてはならない。中身が大事。では中身はどうすればできるか。中身の中核は〝意識〟である。指導者としての意識を確立しなければならない。意識は立場がつくるが、上司になったからといって一朝一夕《いっちょういっせき》に指導者としての意識はできない。意識は経験によってゆっくり醸成される。時間をかけてだんだんにできてくる酒のようなものである。

しかし現在の日本は、経験を積んでも健全な意識が醸成されない。長い期間、幹部社員、いや社長を経験しても、経営者意識とは似ても似つかぬサラリーマン意識、労働者意識という名の使用人意識しか身につかない。

その主たる原因は、戦前の人々の多くが亡くなりまた年老いてしまい、またその世代の遺産が不当に低い扱いを受け、次代に伝わらず、日本人の価値観（何が大切か）が一元化したためである。

今の私たちが大事にするものは何か。第一に個人である。この個人大事から命、健康、長生きの価値が高まり、また個性、自立、自主性、個室の価値が高くなった。第二にお金である。第三に快楽。便利さやスピード、あるいはセックスなどの価値が高くなった。第四に精神面ではやさしさと清潔（クリーン）。第五に以上の元締めとも言うべき自由と平等である。

これ以外にも考えられるだろうが、この五つの価値を人生の軸として生活している。国の政治や経済そして会社の経営も、この五つを尊重して行われている。現在、日本人の価値観は、ここに一極集中し、一元化している。

かつての日本人は、これとはまた別の価値も知っていた。個人より家、一族や村、国のほうが尊い。こうした大事なものを守るため、個人が時には犠牲になることもあった。個人より師、先生、家長、大人、老人のほうが上位にあり尊敬された。したがって個人は、上の人に礼を尽くし素直に従った。「昔は自由がなかった」という批判もあるが、個人は自分が所属する家や組織や国の恩恵を受けて育ち、また上の人に従って教育されることによって成長できるのだから、その掟《おきて》を守り忠誠に励むのは当然である。仮に、組織のほうに非があり、それをただそうとして反抗する場合は、考えに考えた末の命がけの決断であり行動となった。

では、なにものにも制約されない、誰にも従わない〝完全なる自由〟に一体どんな価値があるか。個人を精神未熟な動物のままにし、わがまま勝手な無頼漢にするだけである。

お金の価値も低かった。お金は人や物と対等の価値の一手段にすぎなかった。事業を成すには金がいる。

その時は、人や物と一緒に金を集めた。何もしていない時は「金は天下の回りもの」と言って金に執着しなかった。

ところが今の子供たちは、豪邸のお金持ちを見ると盲目的に尊敬する。どうやって金持ちになったかは関係がない、〝金持ち〟であることが偉いのだ。お金自体が目的になっている。この拝金主義が、国全体を危機に陥らせている。

●自由平等の行き過ぎが人を低俗にした

楽しむことはいいことである。楽しくなければ人生ではない。「おいしいね」「楽しいね」が幸福な家族の合言葉。温泉旅行に海外旅行。日本は極楽である。だが、快楽は露骨に人に自慢するものではない。公衆の面前で快楽の行為をしてはならない。こうした基本も今は守られない。楽しければいいじゃないの利己的快楽至上主義にまで至ってしまっている。かつての日本人には恥の精神があった。質実、節度、倹約に高い価値を置いた。快楽がこうした美質をすべて吹き飛ばした。

やさしさと清潔さには、かつての日本人も高い価値を置いていた。現在はやさしさを通り越して甘さになっている。清潔は病的になり身辺をきれいにすることに異常に気を遣い、それによって周囲の環境が汚れることには気が回らない自己中心の人間がふえた。

会社と個人は対等、能力と時間の契約によってつながっているだけだから帰属意識（愛社精神）のかけらもない。上司を上司とも思わない。会社の規則や秩序はわずらわしい。約束した仕事さえすれば、なにものも私を縛る権利はないはずだ。このように考え行動する人がふえ、それを容認する組織と指導者がふえた。

会社に契約社員がふえ、「これからは契約社員中心でやっていく」というところもあるが、こうした会社は「蓄積」と「継承」ができない。蓄積と継承のない会社は、しだいに技術力が劣化し、社会の信用を失って衰えていく。

●部下は上司の意識の低さを侮る

以上が、日本人の価値観の変化である。

戦闘集団のトップが、こんな価値観で身を固めていれば戦いに勝てない。いや戦う姿勢、ファイティングポーズさえとることができない。社員を統率できないし、指導育成することができない。

若い社長や数多くの上司たちが、歪《ゆが》んだ意識に毒されている。

このひねくれた意識で人の上に立とうとする。優秀な指導者たらんとする。優秀な指導者の形を真似る。「太上《たいじょう》は下之《しもこれ》有るを知るのみ、其次《そのつぎ》は親しんで下之《しもこれ》を誉《ほ》む」を行う。物わかりのいいやさしい指導者、うるさいことを言わず、部下とうちとけてなごやかに過ごす人になる。部下に多くを要求せず楽をさせる。面倒はすべて自分が背負い込み、忙しく働く。こうして部下に侮《あなど》られる指導者になる。

いや、部下はやさしい指導者を侮るのではない。やさしく接している上司が、実は自分たちと同じ「個人、金、快楽、やさしさと清潔、自由と平等」に価値を置く人であることを見破るのである。思いやり深そうに見えるが、その実は自分中心の冷たい心の持ち主であること、金にけちけちし快楽に走り、厳しくするのは疲れるから放任して甘くしていること、そしてよく戦っている人も戦わない人も平等に扱っていることを知る。低俗な意識の人が高邁《こうまい》な精神を持つ人を真似ていることを見破る。そして悲しい気持になり侮るのである。

27章――守銭奴の思想を排せ

●収入はその人の優秀性を示すはかり

宝くじなどが当たって大金を手にした人は大抵堕落《だらく》し、ろくな人生を送らないと言う。身の丈《たけ》以上の収入は毒になることが多い。

ある中堅企業。創業社長は後継者の選定に二度失敗した。創業期から一緒にやってきた専務を高給優遇した。年収は社長より二〇%も多い。専務はそれを当然だと思った。私がいなければ、会社は今も町工場のままだろう。この会社の実質的な経営者は私である。社長や他の幹部は無能。会社は私一人の力でもっているようなものだ……。

専務は会議などで社長に対して傲慢《ごうまん》な言動をとるようになった。親しい客や銀行に自分の力を誇示し、社長を蔑《さげす》む言葉をちらちら漏《も》らした。

客が倒産し高額の不渡手形をつかまされた。社長は専務に減俸降格の罰を下した。専務はそれが不服で会社を辞めた。

私がいなくなればたちまち会社は衰弱する。ライバル会社が私を今より高く買ってくれるはずである。見ておれ、社長が軽率だったことを思い知らせてやる……。

その後会社は衰弱しなかった。逆に業績を伸ばした。専務は小さい会社に薄給で勤めているらしいと社長は噂を聞いた。これが後継者選定の一度目の失敗。

大手で五年間総務部長を務めた男をスカウトして常務取締役に昇格した。やはり社長以上の破格の待遇をした。常務は喜び舞い上がった。心を不安がかすめた。大した実績があるわけではないし、他の部長と比べて特別有能でもない。総務を無難にこなしてきただけだ。こんなにもらっていいのだろうか。収入に見合う働きをしなければ……。

では、何をする。社長に言われたことを忠実に行うことはできるが、私には他に取り柄はない。困った。困った……。

不安はしだいに大きくなっていった。常務の発言と行動が常軌《じょうき》を逸するようになった。ノイローゼである。常務になって一年後、出社に耐えられなくなり入院、退社。これが二度目の失敗。

三度目は違う結果が出た。若手の有能な課長を取締役部長に抜擢《ばってき》し、やはり破格の高給を提示した。部長は断った。社長より高い給料をもらう理由はない。金は欲しいが分不相応な金はいらない。新米の実績のない部長なのだから、規定の部長手当さえ気兼ねしている……。社長は提示した給与辞令を引っ込めた。そして内心、「この男が私の後継者になるだろう」と思った。

社長が私に言った。「人物を試す方法として〝高給優遇〟は効果があるよ。世間相場や当人の期待の二倍の給料を出してごらん。人間としての本性をあらわす。収入はその人の優秀性を示す客観的なはかりだとあなたは言うが、私もそう思う。だから能力実績よりもはかりの目盛がビーンと上がってしまうと、器《うつわ》が小さい人はうちの専務や常務のようになってしまう。金を試験薬に使うのは邪道かもしれないが、人材を見分けるには確実な方法だと思う」

人物を見極めるために、社員に自分以上の高給を出すトップ、私はこの社長は金の使い方の達人ではないかと思う。

●金に執着し金を誇るゆがんだ金銭感覚

一般に社長は金にシビアである。二代目、三代目はケチと言われているし、サラリーマン社長は、経費の無駄遣いに神経を尖《とが》らせている。これはいいことであるが、これが高じてゆがんだ金銭感覚を持つ人になるケースが少なくない。
ある社長。仲間の社長に「いい研修だから」と勧められて管理者を研修に出した。管理者は「忙しくて続けられない」と、途中でやめてしまった。社長は腹を立てて研修会社に「研修費を返せ」と電話した。

社長の金銭感覚はゆがんでいる。「金を返せ」は、管理者に言うべきだろう。成長を期待して〝投資〟したが、それを無駄金にした。研修をリタイアするなら研修費はおまえが弁済せよ、と言うべきだった。

恥ずかしい話である。社長は「損した」と思った。それで「返してくれ」と研修会社に申し入れた。気持はわかるが、この行為によって社長は研修会社や紹介してくれた社長、それに自分の会社の社員など多くの人から「だめな社長」と蔑《さげす》まれることになる。研修を紹介した社長は、研修会社に「この社長本人が研修を受けなくてはだめだね」と言った。

恐ろしいことだが、誰も社長に私がここに書いたようなことは言わない。社長が自分のゆがみに気づく日は永遠に来ない。そしてこんな社長だから、平気で研修を放り出すような意欲に欠ける管理者ができるのである。

こうしたゆがんだ金銭感覚の人は金を持つとふやそうとする。不動産や株やゴルフ会員券で利殖をはかる。バブル崩壊で痛い目にあって今は自粛しているが、性質は変わっていない。人材育成や技術開発など、投下した金がいつ戻ってくるかわからない、あるいは戻ってこないかもしれない金、そんな金の使い方は苦手である。金が土地などに形を変えても目に見える、これなら安心。

住宅のリフォーム業で成長したある会社。儲かったので有名別荘地に豪壮な保養所を建てた。自己資金だけでは足りないので銀行から半分借りた。以降、ツキが落ちたかのように売上げが低迷した。銀行は自分の台所事情が悪化したため「返せ、返せ」と迫った。〝社員のため〟につくった保養所は、社員が利用するまもなく人手に渡った。そして会社はあっけなく倒産。五年前の話である。

この会社の社長は、「金イコール力」と信ずる人で、札束を積んで幹部をよそから引き抜いたり、高額の賞金で社員を競争させたり、国会議員から市議会議員まで幅広く政治献金するなど、何でも金で行った。

保養所は社員のためというのは建前で、社員のためならあんなに贅《ぜい》を尽くす必要はない。自分の会社の力を「どうだ」と見せびらかしたいのが本音だった。財力（金）を誇りたかったのである。業績悪化は、よく教育訓練された社員を揃えた後発ライバルにつぎつぎと客を取られたためで、人の採用や教育に金を使わず、今、必要ともしない〝不急〟の保養所など建てて悦《えつ》に入っていれば当然の結末だろう。

ゆがんだ金銭感覚。それは金を最終目的とする感覚である。本来、金は何かを行う手段に過ぎないものであることを忘れて……。

●社長は家を売って社員に配った

社長の金の使い方を見れば、経営者能力の程度がわかるし、その会社の将来性を推測することができる。

地方の冷暖房設備会社。社員百人、売上げ十九億円。受注が減り前期五億、後期がんばっても八億で合計十三億。社長は危機を感じた。来年度よくなる見込みも立たない。早く手を打たないと手遅れになる。社員二十五人のリストラを決めた。リストラ対象者の選択はつらかった。実績や能力に関係なく、社長の考えと経営方針に同調しない人を選んだ。一人ひとり呼んで解雇を言い渡した。「なぜ私が」と怒る人もいた。泣く人もいた。憎悪の目を向ける人もいた。退職金に三ヵ月分の給料をつけて払った。事は無事終えたが後味が悪かった。この後味の悪さをなんとかしなくてはならないと社長は思った。

辞めた数人が「連合」の組織に訴えた。会社の前にずらりと赤旗が立った。役所や銀行に罵詈雑言《ばりぞうごん》のビラがまかれた。社長はこの攻撃は平気だったが、二十五人に対する「申しわけない」という心の痛みには耐えられなかった。

住んでいる家と土地を売った。その金を、二十五人の家を一軒一軒配って回った。「私にできるのはこれが精一杯。私のお詫《わ》びの気持です。受け取ってください」と頭を下げた。二十五人を訪問し終わると、心の痛みが薄らいだ。と同時に会社の前に並んでいた赤旗が消えた。

社長と家族はアパートに住んだ。妻子は理解を示した。その後、知人に頼んで解雇した人を何人か雇用してもらった。会社の幹部も辞めた人の就職先を捜し歩いた。三ヵ月で空気は平穏になった。銀行は無担保で億単位の金を投資すると言ってきた。得意先の役所は、何もなかったかのように仕事を発注してきた。それだけでなく市の産業振興の企画と教育を依頼してきた。この出来事を契機に、社長と会社の株が一段と上がった。皮肉なことに、この期の決算で会社は大きな黒字を計上した……。

社長は私財を抛《なげう》つことができなければならない。潰《つぶ》れたデパートの会長は、それができないで晩節を汚した。貧乏になるのがいやで、早々と会社をたたんでしまう社長もいる。家賃収入に頼って本業を放り出してしまった人もいる。

金は、財として蓄えて固定するものではない。社長にとって金は会社のため、人のために回していくものである。この金銭感覚を身につけた人が、真に会社を〝経営〟できる人である。

28章——恕の精神

●問題のない良品の「全量作り直し」を命じられた

A社の新しい担当者が印刷に立ち会った。印刷は色も刷りも申し分ない。前の担当者なら「OKね」とか「大変けっこう」と言ったろう。新担当者は欠点が見つからないのが不満な様子で、不愉快そうに帰っていった。「いやな感じ」と女性従業員が言い、P社の鈴木社長が、「そんなことを言うもんじゃない」とたしなめた。

P社は、包装紙や紙袋など包装用品を扱う大手S社の下請けである。下請けといっても、S社は販売会社で製造部門を持たないから、P社はS社商品の専属メーカーと言える。P社はS社に依存はしているが、S社もP社の技術力と生産力に依存している。二十年の付き合いで、お互いを信頼し、協力する紳士的関係が確立している。

A社は、S社のグループ会社の一つで、S社を介してP社に紙袋を発注していた。新しい仕入れ担当者は、昨年までP社と同業の工場に勤めていた技術者だという。P社の鈴木社長は、この担当者が〝いやな感じ〟ではすまない怪物であることを思い知らされる。

A社に紙袋を納品した。すると担当者は小さい欠点を指摘して、「全量作り直せ」と言ってきた。今まで一度も誰も作り直せと言ってきたことはない。指摘されたのは素材が紙だから仕方のない欠点なのだ。それを四万枚全部を作り直せと言ってきた。鈴木社長は仰天した。

それだけではない。その部分のシワが気に入らないから、今度は一枚一枚袋を開けて検査してから納品せよと言う。難題である。しかし、鈴木社長はこれに従った。一日工場を止め、五十人がかりで検品した。納品しようとすると「P社はしたかもしれないが、販売会社のS社は、まだ検品していないだろう」と言ってきた。さらに一日機械を止め、S社の営業マン立ち会いのもとに検品、ようやく納品した。

すると今度はさらに小さいシワを問題にし、もう一度作り直して検査して納品せよと言ってきた。鈴木社長はS社の営業担当に、「これではやっていられない」と泣きついた。「次回からは断るが、受注したものについてはこちらが途中で投げ出すことだけは避けたい、協力してほしい」と、S社の営業担当者は鈴木社長に頭を下げた。

シワができるのは機械や技術の問題ではない。それがだめだとなると製品の六〇～八〇

%を廃棄しなければならない。それをP社は行った。繁忙期《はんぼう》に何日も工場の機械を止めてシワをチェックし、製品を捨てた。P社の社員は、作った良品を捨てるという矛盾したつらい作業に黙って耐えた。

やっとの思いで納品した。しかし、これで一件落着、とはならない。前に二度納品した八万枚を返してくれない。何の問題もない良品である。「内金の分で全量引き取ってやろう」とか「廃棄処分にするからその費用を出せ」と言ってくる。応じないと「八万全部買い取ってやる。その代わり営業補償をしろ」と言う始末。鈴木社長はヤクザに脅されているような不快感を感じた。

●なぜ担当者は常識はずれの無理を言うのか

鈴木社長は、この〝原因〟を考えてみた。製品の欠点の原因ではない。A社の仕入れ担当者はなぜこのような異常な言動をとるのか、そっちのほうの原因である。

問題の人物は、前の会社で、客のクレームや営業の注文に振り回されていた。無理を聞き我慢を重ねた。新しい会社で仕入れ担当者になり、鬱積《うっせき》していたものが爆発した。これが原因の一つと考えられるが、それにしても追及が執拗《しつよう》であり、相手を困らせることに快感を覚える偏執狂のようでもある。

また、担当者は金に汚いことがわかった。鈴木社長がはじめに「どうぞ穏便に」と袖《そで》の下をつかませていれば、こうはならなかったかもしれない。仕入れ担当としての妙味がなかったから嫌がらせに出た。これも考えられる。

しかし、こうした通俗的な原因では割り切れない深い不快感を鈴木社長は感じていた。友人の工務店の社長にこの件を話した。友人は「それは今はやりの〝権利病〟だよ。多いんだよ、そういうのが」と言い、自分の経験を話してくれた。

七年前に建てた家（美容室）からの苦情。白アリが出る、建築時の害虫防除工事がいい加減だったからだと言う。そこで、保証期間は過ぎているがアフターサービスの一つとして無料で工事をした。

工事が終わって数日後「大理石の像にひびが入っている。工事の際移動した時に入ったのだ、弁償せよ」と電話があった。調べに行くと、ひっかいたような小さいキズ。よく見ないとわからない。「イタリア製で五十万円した」と言う。「工事中の器物破損保険に入っているだろうから早く処理してくれ」と言う。

保険会社は、像の購入領収書があれば適用すると言う。客は「そんなものない」と言う。「では保険金は出せない」と保険会社。それを客に言うと、「では、お宅に払ってもらうしかない」である。

五十万円の品物か実際は二十万円かは、客だけが知っている。それにキズだって工事の前からあったものかもしれない。しかし、客を疑ったり、客と争うことはできない。仕方なく、客の言い値の五十万円を支払った。引き換えに像を引き取らせてもらおうとすると「何をする。これを持って行くのなら五十万円返す。ヨーロッパへ行って同じものを買ってこい。五年前は五十万円だったが、今はもっと高くなっているだろう」と脅す。ああ、この人は何を言っても通じない人だ、ここでやめておこうと自分は思った。

キズ物とはわからないイタリア製の代理石像は、現在も堂々と美容室に飾ってある……。

昔はこうした客はいなかった。失敗を詫《わ》びると「いいですよ」と許してくれた。こっちが恐縮する客ばかりだった。今も理解のある客は多いが、なかに、このようにちょっとしたことに因縁をつけて弁償しろと要求する客がいる。謝ってもきかないし、その失敗に見合うような弁済額に応じない。同じものを買ってこい、元どおりにせよ、できないなら全額支払え、である。

「こんな権利病の客がふえている。支払うお金も大きいが、全然心が通じないので、我々の神経がまいってしまう。君の話の仕入れ担当者も、こうした客と同類だろう」と友人は言った。

●「お互い様」の精神はどこへ行ってしまった

権利病患者は〝個の尊重〟（個人と個性を尊重せよという個人主義の柱となる考え）が深く浸透することによって発生した。〝個の尊重〟が、やがて「私中心でよろしい」「自己の権利を優先して主張してよろしい」という土壌を育成し、そこに奇怪な花が咲き出したのである。

この社会風潮と並行して、かっての日本人の「お互い様」という道徳が廃《すた》れていく。「お互い様」と言いながら、ひと昔前は何でもみんなで分け合い、少しずつ譲り合った。人のためにそれぞれが一歩引いて我慢した。

このお互い様を恕《じょ》の精神と言う。恕とは思いやりであり、人の身になって考えることである。昔、これを情と言った。相手が困っていれば助ける。相手が失敗して謝ってくれば損害を被《こうむ》っても許してあげる。この道徳が廃《すた》れた。文部科学省は小・中学生に一～二週間の奉仕活動を義務づけると発表しているが、この程度のアイデアでは復活しない。荒廃の原因は家族の崩壊、教育の荒廃、社会常識の衰退など、大きく根深いものだからである。

「お互い様」の退潮の一方で、「お客様は神様」「顧客中心主義」が、このところ一世を風靡《ふうび》している。ベストセラー『ノードストローム・ウェイ』は「客のいかなるわがままも聞き入れよ」と教え、感動を与えている。これが権利病の蔓延《まんえん》と深い関わりがある。

関西のある私鉄特急ではおしぼりが出る。和服を着た老人客が熱いおしぼりで顔などを十分に拭いて最後にカッと痰を吐き出した。係が後で回収する布おしぼりに痰を吐くという行為に、私は「俺は客だぞ、何をしてもいいんだ」という心理を見た。

トラックの運転手が運転台につくと気が大きくなるように、客になった時、人は自分に賦与された権利を自覚する。横柄な態度をとり、無理を言い、小さい欠点に激怒する。

こうしたことが原因で権利病が発生する。高額の商品を買う人や仕入れ担当者は、突如として話が通じない人、金でしか動かない砂の心を持つ人になる。

●すさんだ心の人間になってはならない

鈴木社長は、再度の作り直しの作業をしていた時、「下請けはつらいな、こんな馬鹿なことをしなくてはならないなんて」と、ついに弱音を吐いた。隣で黙々と同じ作業をしていた女性従業員が「社長、たまにはこんなにじっくりと自分たちの商品を見るのもいいんじゃないですか」と言った。まわりの従業員もうなずいた。社長は「ああ、自分はなんと素晴らしい社員たちに囲まれているんだろう」と思い、不覚にも涙をこぼした。

紙袋として何の支障もない商品、売り物になる良品をわずかのシワのために捨てるという虚《むな》しい仕事を続ける社員。社員たちのこの落ち着き、静けさはどうだろう。文句を言うどころか、弱音を吐く社長をなだめさえする。

八万枚の袋は、A社の社長に頼んで倉庫代を払って返してもらった。A社の社長も、仕入れ担当者の〝やり過ぎ〟には頭を痛めていた。しかし、辞めさせることはしないらしい。鈴木社長は、二度とA社の注文には応じないつもりである。あんな担当者をおいておけば信用をなくすばかりなのに……と余計な心配までした。

鈴木社長は、全社員八十五人を前に「これも経験、この経験をこれからの仕事に活かそう」とスピーチした。また「今後の我が社の課題は、製品の品質の向上である」と語りかけた。「しかしそれより大事なのは、砂のようにすさんだ心の人間にならないこと、人を許す〝心〟を持つ人になること」と話した。社員の顔を見回すと、権利病になるような人は一人もいそうになかった。

「お人好しぞろいの小企業、だが我が社は親会社の全幅の信頼を得ている誇り高い下請けだ」鈴木社長は、そうつぶやいた。

＊「鬼」の訓戒録――

◎人材――

❶もともと人材などどこにもない。会社に入ってから人材になる。会社が凡人を人材にする。人を育てない会社に入った優秀な学生と、人を育てる会社に入った平凡な学生とでは、三年後には能力も人間の出来も逆転している。

◎利益――

❷食い扶持《くぶち》稼ぎの商売なら利益の追求が目的でよいが、会社の経営は目的が違う。お金は会社と人の成長度を示す単なる目盛りであり、人を育てるための資材にすぎない。利益追求に血眼《ちまなこ》になり、社員の顔など真剣に見つめたことのない社長が、優良会社を作ることなどできるはずがない。

◎管理――

❸会社での管理とは、組織の秩序と規律を維持するために上司が部下の行為を規制することであるが、管理教育を嫌っている学校と同じように、会社が管理をやめたら、組織が機能しなくなり、生産は低下し、たちまち衰弱する。部長や課長を管理者、管理職と呼ぶのは、管理という任務が重要であるからにほかならない。

◎給料――

❹経営者と社員は共通の言語を持っていない。たとえば、給料という言葉を社員は、「毎月定額支払われる生活費で、毎年上昇するもの」と理解し、経営者は「能力と働きの見返り。会社の業績が悪ければカットもダウンもある」と思っている。

◎言葉——

❺国語が国の背骨であるように、会社という組織においても言葉が背骨である。仕事は言葉で進む。仕事をする人が何を考え、何を言い、何を書くかで仕事の出来が決まる。

経営も言葉である。経営者が何を考え、何を言い、何を書くかに経営の優劣がはっきりあらわれる。上等な言葉を持たない経営者は、優れた経営ができない。

◎「叱る」と「ほめる」——

❻ある会社でこんな実験をした。叱るグループ、ほめるグループ、何も言わないグループ、適度に叱り適度にほめるグループと、四つのグループをつくり仕事の成果をはかった。

どの順序で成果があがったであろうか。

一番ダメだったのは、管理者が何もいわないグループ。次にダメなのが、叱ってばかりいるグループ。次がほめてばかりいるグループ。一番高い成果をあげたのは、適度に叱り適度にほめるグループであった。

◎報告——

❼報告をする時間がないということは滅多にない。時間がないというのは報告しない人の言いわけである。言いわけには、このほか、忘れた、ささいなことなのでしなくていいと思った、忙しそうだったので後でするつもりだったなどがある。

もっともらしく聞こえるが、これらはみな嘘である。本当の理由は〝する気がない〟である。報告はくたびれるものである。しなくていいならしないですませたいものである。だから、しないですませる理由を真っ先に考え出すのである。

◎挨拶㈠――

❽礼は虚礼でよい。挨拶は形でよい。礼は心がこもっていなければ意味がないというが、心は形となってあらわれる。心のなかで挨拶しているつもりでも、相手に伝わらなければ無礼になる。形がしっかりできれば心がこもる。まず歩きながらの挨拶をやめさせよ。まっすぐ立って、きちんと頭を下げて、おじぎをさせる。

◎挨拶㈡――

❾部下のおじぎに横柄《おうへい》にうなずくのは正しくない。挨拶は人間対人間、心と心がお互いを認め合うための儀式である。これがなければ警戒心を取り除き、自然に心を開いて付き合えるようになるまで、長い時間と神経の疲労がお互いにかかってしまう。ゆえに上司のほうから先に頭を下げて挨拶することが正しい。

◎挨拶㈢――

❿挨拶がないということは、あなたとは関係を持ちたくないという意思表示である。朝、スーッと入って来て席に着いた社員に、あなたは言うべきことがあっても、すぐ口をきく気になれない。それは相手が「あっしには関わりござんせん」と拒絶していると感じるからである。

◎挨拶㈣――

⓫職場ぐるみ、上から下まで挨拶らしい挨拶をしない会社がある。朝はだらだら始まり、夕方もだらだら終わる。そのしまりのなさは外から見たら不快であり、信用がおけない。そこで働いている人々の関係は一見親しげだが、ひと皮むけばバラバラで、何かあるとそれぞれ責任逃れをし、協力、助け合いの気持がまったくない。

◎返事――

⓬なぜ不完全な、不満足な挨拶を許してはならないのか。組織において、仕事は上から下へ命令という形で与えられる。呼ばれた時の「はい」という返事、席を立ち上司の前へ来た時の「はい」(私は参りました)という返事、命令を聞いた時の「はい」(よくわかりました)という返事、こうした返事が完全にできる人は、「指示命令を受け得る精神態度」が確立されている。

一方、これができない人は命令を受ける姿勢がなってない。

◎威張る――

⓭部下を持つ立場に立つことは、別に偉ぶることではないし、命令は威張ることではない。ましてイソップのカエルのように腹を突き出していいわけがない。威張るというのは自己防衛の姿勢である。自分の力で戦いを勝ち抜いてきた人、その自信が人間としての厚みを増し、自己宣伝しなくとも周囲が自然に頭を下げてくる人、こうした人は決して威張ったりしない。威張る必要がない。この人が「これをやってくれませんか」と丁寧に頼んでも、頼まれた部下はそれを〝命令〟と受け取って努力を惜しまない。

◎評価――

⓮最近、生徒に先生を評価させる学校が出てきた。「画期的な試みだ。子供の感性は鋭いですよ。どんな成果が上がるか楽しみだ」と教育評論家がほめている。評価は「指導」の重要な一部分である。評価がなければ指導は成り立たない。評価に基づいて指導者は具体的な指導を行う。しかし、生徒は先生の指導者ではない。指導者でない者が行う評価とは何か。それは人気投票である。

◎**統率**――

⓯統率とは人の心をつかんで人を引っ張っていくことである。

「統率」の原点は指導者の人間の広さ、深さ、大きさなどにある。これが欠けていれば下の者は必ず逃げていく。ただ多くの指導者が、このことばかりに気を遣《つか》い、いつもニコニコとやさしい顔でいる。基本をうやむやにしてしまうやさしい気持は、上に立つ者には有害である。

◎**決定**――

⓰決定が速い人の中には、決定したことを変えるのも速い人がいる。速いという点では頭は悪くないし、臆病でもないのだろう。ではなぜ一度決めたことをすぐ変えるのか。よく考えないからである。人の意見を聞かないからである。つまりこの人は思考力はあっても深く考えない人であり、臆病ではないが勇気があるわけではなく、わがままがきく立場にあり、失敗しても責める人がいない地位にいる人である。ワンマン経営者の朝令暮改《ちょうれいぼかい》がその典型で、その恵まれた立場のせいで思考に対する真剣みが欠けてきているともいえる。

◎**行動力**――

⓱行動力は肉体の力ではない。頭脳の力である。上からの命令を実現するためにどうすればいいか考える。現場の刻々と変化する局面で起きる問題をどうすればいいか考える。判断し、決断し、先頭に立って問題を解決する。つまり問題解決のために、その時その時、最良の手段・方法をとることができる能力が行動力である。

◎**復興**――

⓲日本を世界の経済大国、技術大国にした人。誰で

もない。私たち日本人である。いや、私たちではない。私たちの一代、二代前の日本人、すなわち私たちの父母および爺さん婆さんである。戦前の学校教育を受けた人、陸海軍の軍隊が解散して社会に復帰した元軍人兵隊、この人たちが今の日本をつくった。

彼らの心に根をおろしていた愛国心は行き場を失った。〝日本人としての誇り〟は宙に浮き、心の中で鬱屈《うっくつ》した。そこで愛国心の発露を会社に求めた。会社を代用品にした。会社を愛し、会社を誇ることで心のバランスをとった。

それは、自分の子をなくして、代わりに人形を抱きしめる母親のごとく一面憐《あわ》れではあったが、そのエネルギーがまさに今の日本をつくり出したのだ。

◎**会社**――

⓳会社は、果たすべき使命と目標とを持った戦闘組織である。

◎**会社という組織**――

⓴間違ってはいけない。会社という組織は世に言う〝民主的〟運営が不可能な組織である。

◎**勝つ会社**――

㉑利益を出すのに四苦八苦しているところが大半である。こうした会社こそ、「休日カット、労働時間増」が必要である。低迷の時代に変わったのだから会社は体制とルールを変えなければならない。しかし、できない。

勝つ会社は、勝つための手段方法が実行できる。負ける会社はそれができない会社である。

◎**平等主義**――

㉒平等は上下関係の逆転を招く。この場合、部下は束縛されずのびのびできるから、うらやましいと思うかもしれないが、それは逆である。仕事の成果を

上げなくても安閑《あんかん》としていられる。努力を強いられない。鍛えられるべき時に鍛えられない。平等主義の上司の下で、社員としてまた人間として成長を阻《はば》まれる部下ほど不幸な存在はない。

◎社員意識㈠——

㉓社員意識の社員は「労働を売って対価を得る」という考え方をする。言われたことはするが言われないと何もしない。規定時間以上に仕事をするのは損だと思っている。楽な仕事をしたがる。きつい仕事や難しい仕事は避ける。自分のものは大事にするが、会社の物品は粗略《そりゃく》に扱う。困難に直面するとマイナス思考で逃げる。

◎社員意識㈡——

㉔社員意識とは、一言でいうと「給料を手取りの額で考える」考え方である。

月給三十万円だと社会保険料や税金を引かれるので手取りは二十五万円。「自分は会社から二十五万円の給料をもらっている」と考えるのが社員意識である。

一般に会社が社員に支払っている人件費は、給料の二倍から三倍といわれる。

◎「サラリーマン意識」と「労働者意識」——

㉕サラリーマン意識は「会社と契約した時間から時間までは我慢して働くが、その時間以外は会社も仕事も関係ない。私のプライベートな時間だから干渉しないでくれ」であり、終業時間がくると仕事を放り出して帰ってしまう人の意識である。労働者意識は「働きたくないが生活は保障してくれ」であり、なるべく楽をして、なるべくたくさん金を要求する人の意識である。

◎やさしさ――

㉖上司にとって〝やさしさ〟は大事な条件なのかもしれない。部下を魅《ひ》きつけ、部下を動かす最も威力のある武器なのかもしれない。これに欠ける上司は、うまくやっていけないのかもしれない。しかし反面、やさしさは上司の自殺兵器ではないかと思う。努力しない部下を許してしまう。不注意からの失敗に同情する。部下のグチや不満を理解し、うなずいているうちに、部下の仲間になってしまう。にせものの慈善家になってしまう。ついにはダメな部下をかかえた、ダメ上司になってしまう。

◎召使い――

㉗若い社員は「召使い」を求めているのである。自分のご機嫌をとってくれる人、「いやだ」と言えば「そうか」と引っ込んでくれる人、文句を言えば「そうだね、そうしよう」と理解を示してくれる人、こんな人が上司であってほしいのだ。召使いに甘んじてはならない。年齢、実力で部下とあまり差のない上司は、特に自分が命令者であるという自覚を強く持つべきである。

◎やさしい上司――

㉘やさしい上司は、自分のほうから部下のところに降りていって、友達のようになれなれしい態度で接する。一緒に飲み食いして、恥もさらけ出して打ち解ける。部下との人間関係は極めて良好である。だがそのために、注意すべきことも注意できなくなる。叱るべきが叱れなくなる。厳しい命令を厳しいままに出せなくなる。部下の指導、育成、統率、管理という、上司の役割が果たせない。

◎自覚――

㉙「私は一般の社員とは違う。上司だ」という自覚

は大事である。この自覚がない人は部下と同じ気持でいるので、命令によって部下を動かすことができない。役職は課長でも係長でも、その人は、いつまでたっても命令される側の人であり、命令する本当の上司はもっと上にいることになる。

◎命令——

㉚命令しない上司、それは会社との契約に反した行動をとる人であり、会社から契約違反のかどで処罰される対象である。

　命令をきかない部下、こうした部下もまた、上の命令に従って仕事をするという、会社との契約を破る者で処罰に値する。一番いけないのは命令しない上司、次にいけないのは部下が言うことをきかない現実を、自分一人の問題として狭くとらえてしまう上司である。

◎上司の義務——

㉛上司は部下に嫌われることを恐れて権限行使をためらってはならない。部下が義務を果たさなければ処罰の対象となる。同様に上司も、与えられた権限を行使して部下を動かすという義務を果たさなければ処罰される。これが組織のルールである。

◎強制㈠——

㉜やさしく諭《さと》しても社員は変わらない。理屈を言っても反発を受けるだけ。話し合いや議論は時間のむだ。むろん自主性などに期待すれば、状況は悪くなるばかり。相手はもう二十年以上だらけた空気を吸ってきた人である。〝強制〟によってしか変えられない。あなたが問答無用で強制する。社員がそれに耐える。この強制に耐えきった人だけが、健全な意識をもつ一人前の人間になる。

◎強制(二)――

❸部下が心服する権威を持たない上司は、人を動かすことの難しさを痛感している。だが、権威がなくても上司は部下を動かさなければならない。〝権限〟で動かすのだ。権限行使は強制が伴う。部下がいやがっても強制する。反抗すれば処罰する。これができない上司がふえている。

◎強い心――

❹会社には許してはならないことがある。部下がいやがっても押し通さなければならないことがある。あなたは嫌いなものははっきり嫌いと言い、反会社の言動は否定し、言うことを聞かない部下は叱りつける。それでも反抗する部下は処罰する。会社の指導者はやさしいだけでは務まらない。鋼《はがね》のごとき強い心の持ち主でなければ務まらない。

◎怖い上司――

❺嫌われることを恐れずに上司としての任務を果たしてみよ。部下はあなたを嫌うだろう。うるさい奴、いやな奴と思うだろう。露骨に反発する者も出てくるだろう。厳しく叱られたからと言って辞める者も出よう。それでいいのである。それでこそ上司に値する。あなたは「怖い」と言われるだろう。「やさしい人」や「いい人」と言われたら侮辱だと思うとよい。部下から「怖い」と言われたらそれが上司の勲章である。

〔著者紹介〕
染谷 和巳（そめや・かずみ）
昭和16年東京生まれ。東京教育大学（現筑波大学）卒業。
出版社、社員教育機関勤務を経て、昭和63年から人材育成会社(株)アイウィル代表取締役社長。
上司としての考え方や行動の仕方、部下の指導法など、幹部教育の第一人者として活躍中。
著書に、ロングセラーの『上司が「鬼」とならねば、部下は動かず』（小社刊）の他『何か必ずやる人』『上司として、これができなければ辞表を書け！』『社長に評価される上司になる本』など多数がある。

連絡先・東京都文京区小石川３-36-13
(株)アイウィル
Tel. 03-5800-4511

上司が「鬼」とならねば、組織は動かず

発　行――2001年９月10日　第１刷発行
　　　　　2001年９月20日　第３刷発行

著　者――染谷 和巳
発行者――綿引 好夫
発行所――株式会社プレジデント社
〒102-8641　東京都千代田区平河町 2-13-12
ブリヂストン平河町ビル
電話：編集 (03) 3237-3711
販売 (03) 3237-3731
振替：00180-7-35607
印刷・製本―中央精版印刷株式会社

ISBN4-8334-1728-6 C0034